"投資"に踏み出せない人のための「不労所得」入門

加谷珪一
Keiichi Kaya

イースト・プレス

※本書に記載した内容は、原則として２０１９年６月現在のものです。
※本書に示した意見によって読者に生じた損失について、著者および発行者は責任を負いません。

はじめに――これからの時代は「給料＋不労所得」を目指せ！

「不労所得」というキーワードから受ける印象は、たいていの場合、何もしないでお金を稼ぐというネガティブなものだと思います。

日本ではどういうわけか、お金を稼ぐことは悪いことだとされてきました。

日本人は目の前のお金に対する執着心が極めて強く、表面的な言葉とは裏腹に、経済的な豊かさを強く望んでいます。金儲けは悪という発想は、お金に対する強い執着心への反動から出来上がったものと考えられます。

しかし、平成が終わって昭和も遠くなり、日本人のお金に対する価値観もだいぶ変わってきました。最近では、「儲かる仕組みを作る」というポジティブな解釈で、「不労所得」を目指すという考え方も一般的になっています。

ただし、**世の中には本当の意味での不労所得、つまり何もしないでお金を稼ぐとい**

う完璧な方法は存在しません。 3章で解説しますが、何億円もの資産を持つ富裕層の人でも、お金の使い方にはルールがあり、すべてが自由になるわけではありませんし、その資産を維持するためには何らかの努力が必要です。

もっとも、同じ金額を得るために、多大な労力と時間を要するケースと、そうではないケースに分かれるのも事実です。さらにいえば、うまくいく方法を見つけ出し、それを繰り返すことでお金を稼ぐ方が圧倒的に効率的です。

お金持ちになるためにはお金を稼ぐ仕組みを作ればよいと言われますが、これは重要なポイントといってよいでしょう。**いったんお金を生み出す仕組みを作ることができれば、その後は最小限の労力でお金を稼ぎ続けることができます。**

もちろんお金を作る仕組みを作り上げるのは、簡単なことではありません。

たとえば、日本を代表する実業家である孫正義《そんまさよし》さんは、ソフトバンクグループという会社を創り上げ、何兆円ものお金を生み出す仕組みを構築しました。孫さんが天才であることは誰もが認める事実であり、孫さんが成し遂げた偉業を、私たち一般人が真似《まね》するのは不可能に近いでしょう。

しかしながら、何兆円という単位ではなく、月3万〜5万円というレベルであれば、私たち凡人にもチャンスがあります。

日本ではサラリーマンとして生活している人が大半なので、この本を手に取っている方の多くも給与所得者だと思います。

たとえば年収400万円の人が、工夫を重ねることで、大きな労力をかけずに月3万円程度の副収入を得ることができれば、年収は440万円ほどにアップします。昭和の時代なら、会社での年次が上がっていくことで、1割の年収アップを実現するのはそれほど難しいことではありませんでしたが、今の時代は違います。

大きな労力をかけることなく年収を1割アップできる仕組みというのは、今の時代においてはとてつもない資産だと思ってよいでしょう。もしムダ使いをせず、年収400万円の範囲で生活できる人であれば、残りの40万円は自由に使えるお金となります。

これからの時代は、「給料＋不労所得」を目指すべきだと筆者は考えます。

一定の年収を給料として稼ぎつつ、プラスアルファを「不労所得」として稼ぐことができれば、人生の豊かさは一気に広がるでしょう。

本書は「給料＋不労所得」という稼ぎ方を前提に、それに合致する不労所得にはどのような種類があり、それを実現するにはどうすればよいのか、あるいはその難易度はどのくらいなのかについて、平易に解説することを目的に執筆しました。

本書は4章構成になっており、まず序章で、「不労所得」とは実際のところ何を指すのかから説明します。

次に1章では、ブログやアフィリエイト、メルカリなどを使った中古品の売買、オンラインサロンなど、ここ十数年で広まった方法について解説しました。これらの手法に共通しているのは、リスクがほとんどなく、ネットのインフラを使って極めて安価にスタートできるという点です。しかしながらハードルが低い分、参入を目指す人が多いですから、競争が激しいのも事実です。

2章で取り上げるのは、株式、ＦＸ（外国為替《かわせ》証拠金取引）、不動産など、各種投資についてです。1章の手法と比べると不労所得レベルが高いのですが、投資にはリスクがありますので、注意が必要です。投資の世界には、高いリターンを得るためには、大きなリスクを取らなければならないという不文律があり、例外はありません。投資で不労所得を得るためには、リスクとどう付き合うのかという視点が欠かせません。

3章は、究極の不労所得者である資産家（富裕層）についての解説と、サラリーマンが不労所得を得るためには、どうすればよいのかについて解説しました。現実に富裕層になれる人はかなり少ないわけですが、富裕層の人たちの価値観や考え方は、そうでない人にも参考になる部分がたくさんあります。ここでは彼らの生活の一部を紹介します。

逆に、資産家と比べるとサラリーマンの生活はなかなか大変なわけですが、会社をクビにならなければ給料が保証されるという点では、実業家やフリーランスよりもはるかに有利な立場であると考えることもできます。サラリーマンが持つ利点と欠点をしっかり理解し、そのうえで、どのような不労所得を目指すのか合理的に考えていくことが重要です。

お金を効率よく稼ぐには、まずは全体像を知ることが大事です。本書も各手法における細かいテクニックよりも、網羅性を重視しました。本の読み方にルールはありませんが、本書においては、自分が知っている、あるいは得意な分野だけを読むということはせず、できれば全体を通して読んで欲しいと思います。

たとえば不動産投資を行っている人にとっては、本書で解説している不動産投資の内容は、すでに知っていることかもしれません。しかし、ブログの稼ぎ方や株式投資でも同じレベルの知識を持っているでしょうか。そうではないと思います。逆にブログで稼いでいる人は、本書で示したテクニックは常識的なものかもしれませんが、FX投資でも同じレベルかというと、そうではないでしょう。

不動産投資やブログの稼ぎ方など、限定された分野において詳しい解説が必要であれば、専門書がたくさんありますから、ぜひそちらを購入してください。

繰り返しになりますが、本書の狙いは網羅性です。

自分が得意ではない分野も含めて、まずは全体を俯瞰《ふかん》したうえで、その中で自分にとってベストな方法を模索して欲しいというのが、筆者の願いです。

〝投資〟に踏み出せない人のための「不労所得」入門　目次

1章◉……〝ネット時代〟の不労所得

2章◉……“投資”による不労所得

3章◉……〝億り人〟の発想、〝サラリーマン〟の稼ぎ方

序章◉……そもそも「不労所得」とは何か？

不労所得は本当に存在するのか

具体的な不労所得の手法を解説する前に、そもそも「不労所得とは何か?」ということについて、考えたいと思います。

読者のみなさんは、1億円というお金があれば何をするでしょうか。

高級車を買って、タワーマンションを買って、などと考えてしまった人は、不労所得を得ることに対する心の準備が、まだできていません。不労所得という視点で1億円の使い道について考える時、やるべきことはただ1つ、1億円を安全運用することです。

1億円のお金があれば、安全な債券などの運用でも、年間300万円ほどの運用益を出せます。このお金は毎年稼げるものであり、しかも元本の1億円は決してなくなりません。

もちろん現実には、お金の管理に結構な手間がかかるので、何もしなくてもよいというわけにはいきませんが、ここで得られる300万円は労働して得たお金ではありませんから、一般的な稼ぎとは種類がまったく異なるものといってよいでしょう。

不労所得というのは、労働しなくても毎年、一定の金額を稼ぎ出せる仕組みのことを指します。この例ではお金がお金を稼ぎ出しており、これがもっとも効率のよい不労所得です。3章の富裕層の項目でも解説しますが、お金そのものがお金を生み出すという仕組みこそが、まさに究極の不労所得です。

「夢の印税生活」の内実

一方、「夢の印税生活」という言葉があるように、本の印税や特許など、著作権や知的財産権による収入も不労所得と見なされることがあります。

筆者は幸いにも、20年以上にわたる株式投資によって、億単位の資産形成に成功しました。究極の不労所得生活にシフトできそうですが、今のところは経済評論家としての仕事を続けていますので、印税をもらう著者でもあります。そんな立場から正直にいうと、印税というのはあまり儲かりません。よほどのベストセラー作家でもない限り、何もせず印税だけで生活するというのは困難と考えてよいでしょう。

書籍の印税率は、一般的に販売価格の8～10％程度です。定価1500円の本が1冊売れれば、印税率10％として著者には150円の印税が入ります。もしその本が1万部売れた場合には、印税の合計は150万円になります。

以前と比べると、今の時代は書籍が売れなくなっており、10万部でも大ベストセラーなどと言われます。10万部になると印税は1500万円になりますが、それでも高収入のサラリーマンの年収程度ですし、あくまでもこの数字は印税の総額ですから、毎年ずっともらえるものではありません。

お金持ち本におけるバイブルと言われる、ロバート・キヨサキさんの『金持ち父さん 貧乏父さん』は、全世界で3000万部を販売し、今でも売れ続けています。キヨサキさんのレベルになれば、毎年何もしなくてもお金が入ってくるという状況ですから、夢の印税生活といってよいかもしれません。

こうしたごく一握りのベストセラー作家を除くと、一般的な作家の場合には、多大な労力をかけて本を書き、仮に売れたとしても1500万円程度の収入ですから、残念ながら不労所得とはいえないでしょう。

しかしながら、作家という職業は、時間を拘束され、その分だけ賃金をもらうという一般的な仕事と比較すると自由度が高く、仕事をしているという感覚が薄いのは事実です。文章を書くことが嫌いな人が作家になることはありませんし、そもそも誰にも雇われていないわけですから、直接的な仕事の苦痛が少ないのは当然だと思います。

特許も同様で、特許のみで悠々自適《ゆうゆうじてき》の生活ができる人はごく一部しかいませんが、特許の取得は、好きなことをした結果という人が多いですから、労働で稼ぐという感覚とは少し異なっています。

印税や特許による稼ぎは、お金がお金を稼ぐことに比べると、労働による所得に近いものの、ある程度までなら不労所得に分類することが可能です。ここで重要となってくるのは**「やらされた感」がない**という部分でしょう。

投資はリスクとリターンが比例する

では、不動産や株式などの投資はどうでしょうか。

冒頭では、安全資産である債券に投資したケースを想定していましたが、国債など格付けの高い債券であれば、それが紙くずになってしまうということは滅多にありません。しかし、投資する対象が株式や不動産だった場合には、そうはいかないでしょう。

株式は株価が上下変動しますから、常に相場の状況をチェックしなければなりません。場合によっては銘柄を入れ替えるといった作業が必要となってきます。

不動産は株式ほど短期では上下変動しませんが、経年で劣化しますし、人口動態からも大きな影響を受けるので、長期的には価格が大きく変化します。これに加えて不動産の場合には、債券のように買っておしまい、というわけにはいきません。

家賃を払ってくれるテナントを募集したり、毎月の家賃を徴収するなど、相当な量の実務がともないます。部屋のエアコンが壊れた場合には、オーナーが修理しなければなりません。現実には、これらの作業は管理会社に代行してもらうことができますから、不動産オーナーがそれほど時間と手間をかける必要はありませんが、安全な債券への投資と比べた場合、リスクが高く、手間がかかるのは事実といってよいでしょう。

株式や不動産の投資利回りは、安全な債券への投資利回りよりも高いのが普通ですが、それはこうしたリスクや手間を投資家が引き受けているからです。

では、なぜ債券よりも危険であるにもかかわらず、株式投資や不動産投資を選択する人がいるのでしょうか。その理由は、利回りが高いので、より少ないお金で大きなリターンを得られるからです。

有り余るほどのお金があれば、安全を最優先しても、毎年それなりの金額を投資で稼ぐことができます。しかし、お金の額が小さいうえに、安全性を優先すると、稼げる金額が少なくなってしまいます。逆にいえば、毎年大きな収益を得たければ、安全性を犠牲にする必要があります。

投資家というのは、自分が持っているお金の額と、運用によって得られる金額との間で常に揺れ動いており、それぞれの価値観でベストな立ち位置を決定しているということになります。

つまり**不動産投資や株式投資というのは、究極の不労所得である資産の安全運用と比較すると、何らかの妥協の結果として選択された不労所得、**と考えることができます。この視点は非常に重要ですから、よく覚えておいてください。

本書で解説する不労所得は、究極の不労所得である富裕層の資産運用と比較して、どこかしら弱点があります。

不動産の場合には、不動産が持つリスクや管理の手間というのが弱点です。しかし、その弱点を考慮しても、不動産から得られる高いリターンが欲しいという場合や、その弱点が苦にならないという人にとっては、不動産投資は有力な不労所得の選択肢となりえます。当然ですが、ブロガーでもこれは同じことです。

数万フォロワーは、億単位の現金と同じ価値⁉

世の中ではブロガーになって不労所得を得るという話をよく耳にしますが、先ほどの視点でブロガーという職業を考えてみましょう。

近年では誰でもブログを開設することができ、ブログの中に広告を設置すれば、すぐに広告料を稼げます。各種ＳＮＳも同じで、細かい違いはありますが、数多くの読者やフォロワーを抱えていれば、何らかの形でお金にすること（ネットの世界ではマネタイズと呼びます）が可能でしょう。

たとえばツイッターで数万人のフォロワーを持つ人であれば、その人のブログにも多数のアクセスがあり、年間で百万円単位の広告料収入が得られるはずです。ツイッターやブログの更新を一切やめてしまえば、そのうち読者やフォロワーは離れてしまいますが、一定頻度での更新を続ければ、長期にわたってそのブログやツイッターは収益を上げ続けます。

先ほど、1億円の現金があれば年間300万円程度の不労所得が得られるという話をしましたが、ブログやツイッターで多数の読者を抱えていれば、ちょっとした手間で年間数百万円の収入が得られるという事実を考えると、1億円の資産を持っていることに近いと考えることも可能です。

一般的にこうした資産のことを事業資産と呼びますが、企業というのはまさにこの事業資産をさらに大きくしたものです。では、先ほどから説明しているように、究極の不労所得であるお金の安全運用と比較した時、ブログなどの事業資産が持つ弱点とは何でしょうか。

事業資産の最大の弱点は、お金と異なり、その価値がいつなくなるのか分からないことです。これに加えて、不動産投資と同様に、その価値の維持にそれなりの手間がかかることでしょう。

ブログもひとたび人気となれば、当分の間アクセスは続きますが、サイトの更新をストップしてしまうと、検索エンジンでの順位も下がり、徐々に収入が落ちてきます。ブログからの収益を維持するためには、一定の労働力を投下し続ける必要があるわけです。

この手間についてはブログの内容によって様々だと思いますが、一般論としては不動産投資にかかる手間よりもはるかに大きなものになるでしょう。

一方でブログというビジネスには、ほとんどリスクらしいリスクというものがありません。あえていえば、月あたりにかかる数百円から数千円のサーバー代でしょうか。無料ブログであれば、広告収入に限界は出てくるものの、ランニングコストもゼロ円にできます。

つまりブログの場合には、リスクがほとんどないという点では、究極的な不労所得である安全資産への投資に近い存在ですが、期待収益の低さや価値の維持にかかる手間という点では、不動産投資よりも不利になります。

本書ではメルカリなどを使った中古品の売買やオンラインサロン、株式投資などについても取り上げていきますが、基本的に**こうした手法について検討する場合には、究極の不労所得と比較して、何が犠牲になっているのかを明確にし、それが自分にとって合っているのかを検証することが重要**でしょう。

ある程度のリスクを取ってもよいと思っているが、手間をかけるのは嫌だと感じている人が、ブロガーになるという選択肢はないでしょう。一方で、リスクは絶対に取りたくない人の場合、不動産投資という選択肢はありえません。

「どこを妥協するか」という視点が鍵

一連の内容を整理すると以下のようになります。

究極の不労所得を得るためには、1億円以上の現金が必要となりますが、そこまでいかなくても、何らかの妥協ができれば、もう少し簡単に不労所得を得ることができます。妥協すべき点は以下の3つです。

①多少の労働は行う
②ある程度のリスクを取る
③リターンが少ないことを受け入れる

①についてはブログがその代表ですが、多少の労働を行って収益を上げることについて妥協できるのであれば、収入を増やす手段は大きく広がります。ここで重要なのは、できるだけ不労に近い労働形態を選ぶことです。

たとえばブログであれば、記事が蓄積しますので、累積の記事数が多くなればなるほどアクセス数は増えていきます。これは一種の資産ですから、記事を書けば書くほど、長期間ブログを続ければ続けるほど資産性が高くなり、そこから得られる収入は不労所得に近くなってきます。

一方、同じ金額を得るために勤務時間外にアルバイトをするという方法の場合、働いた分しかお金を稼ぐことができず、資産として蓄積しません。もちろん経験値が増えた分、スキルが向上するという面があることは否定しませんが、一般的な労働というものが時間を切り売りすることで成立するものである以上、単発的であることは避けて通れません。

メルカリでの中古品売買も、やめてしまえば収入がなくなるという点ではアルバイトと同じかもしれませんが、規模は小さくても、これはれっきとした事業です。事業ノウハウを積み上げていけば、効率がよくなり、同じ労働でも稼げる金額が増えてくる可能性があります。これも事業資産の1つですから、アルバイトをすることと比較すれば、不労所得レベルは高いといってよいでしょう。

サロンについては、こうした資産をさらに大きなお金にするための手段ですから、なおさらです。

②の代表例は投資です。

投資の場合、ブログなどの事業と比較すると、はるかに手間は少なくて済みます。しかしながら、その分だけ投資家はリスクを取らなければなりません。それでもできるだけ労働を少なくする形で不労所得を得たいという場合には、投資に比重を置いて検討を進める必要があるでしょう。

投資の世界には、高いリターンを得るためには高いリスクを取る必要があるという絶対的なルールがあり、どんな人でもこのルールを超越することはできません。

よく投資を検討している人から、「投資で儲けたいが、リスクは抑えたい」という話を聞くのですが、原則としてこうした方法はないと思ってください。というよりも、こうした価値観は有害ですらあるので、もしこうした感覚が少しでも残っているなら投資は避けた方が賢明です。

先ほども説明したように、リスクとリターンは原則として比例しています。これは資産額が10万円の個人投資家でも、兆の単位になる世界的な投資家でも、まったく同じ条件です。

高いリターンは欲しいがリスクは抑えたいというのは、この地球上において自分だけは特権階級として例外扱いして欲しいと言っていることと同じであり、絶対に実現不可能なことです。

世の中には投資家を騙《だま》すような金融商品が溢《あふ》れています。

銀行が紹介する商品の中にも、為替やオプションを組み合わせ、あたかもリスクがコントロールされているように見えるものがあります。

しかし、どのような金融工学を用いようとも、そして何種類の個別商品を複雑に組み合わせようとも、その商品が持っている全体のリスクは、個別商品のリスクの積み上げでしかありません。商品が複雑になった分だけ、全体リスクの計算が面倒になるだけです。

「自分だけはリスクを抑えたい」という感覚を持っていると、こうした商品に手を出してしまう可能性が高くなります。**リスクを極度に嫌うという感覚は、投資の世界では「百害あって一利なし」**と思って、まず間違いありません。

筆者も長年にわたって株式投資を続けてきましたが、当然のことながら取るべきリスクは覚悟を決めてしっかり取ってきました。もちろん、ムダなリスクを取らなくてもいいように、投資対象の選定には吟味《ぎんみ》に吟味を重ねましたが、得られた資産がリスクへの対価であることは間違いありません。

生活をコンパクトにすることも重要

労働もあまりしたくないし、大きなリスクも取りたくないという場合には、③のように、収益を犠牲にするというやり方もあります。

本書は基本的にサラリーマンとして給与所得を得ながら副業を行い、その副業をできるだけ不労所得に近づけていくということをテーマにしています。仮に少ない金額であっても、毎月、あるいは毎年、確実にお金を稼げる手段を持っていることは、とてつもない資産になります。金額を犠牲にすれば、こうした不労所得を得るための難易度はかなり下がってくるでしょう。

金額を犠牲にしてよいのであれば、不労所得を得られる可能性は大きく広がります。投資の場合も、収益を低くしてよいのであれば、リスクを低く抑えられますから安心して取り組むことができます。

あくまで1つの考え方であり、万人共通とは限りませんが、**多少の労働と少ない金額についてうまく妥協するためには、自分の好きなことを副業にするという選択肢もあります。**

好きなことであれば、それ自体が苦になりませんし、長期間、継続することも可能です。そこから得られるお金が少なくても、十分な満足度を得ることができるでしょう。

本書のテーマではありませんが、生活をコンパクトにすることも大事です。

生活が肥大化すると、金銭的な欲求もそれに比例して大きくなってしまいますが、コンパクトな生活スタイルに慣れてしまうと、資産額が大きく増えてもそれほど物欲が湧いてきません。

筆者は幸いにして投資で成功したので、将来的に完全な不労所得で生活することもできそうですが、ある程度の資産を持った今でも、基本的な生活スタイルは、あまりお金がなかったサラリーマン時代と何も変わっていませんし、むしろ昔よりも支出が少なくなっているくらいです。

少々逆説的な話ですが、不労所得を得るためには、まず自分自身の生活を質素にするのが早道かもしれません。生活が質素になれば、副業に対して期待する収益が小さくなり、その結果、より簡単に不労所得を実現できるようになります。

不労所得というのは、働かなくても収入を得られる仕組みのことであると説明しましたが、その仕組みの中には、生活スタイル全般の見直しも含まれていると考えた方がよいでしょう。

まずは最初の一歩を踏み出そう！

本書を読んでいる人の中には、不労所得を目指すことは大事であると分かっていても、なかなか最初の一歩が踏み出せないという人も多いと思います。筆者の経験上、**最初の一歩を踏み出すためのベストな方法は、とりあえず、何でもよいので最初の一歩を踏み出すこと**です。

最初の一歩は小さなことで構いません。

稼げる金額が１００円であったとしても、頭の中であれこれ考えているだけの状態と、実際にやってみるのとでは雲泥《うんでい》の差があります。

実際に体験してみれば、心のハードルは一気に消滅し、気持ちが軽くなると思います。それと同時に、不労所得を得ることはそう簡単ではないということも、実感として理解できるでしょう。

最初の一歩はあくまでお試しですから、できるだけリスクの低いやり方を選んでください。ブログ作成や要らなくなったモノをフリマで売るといったところから始めるのがよいでしょう。投資はどうしてもリスクが生じますし、精神的にもそれなりの準備が必要となります。ブログやフリマであれば、日常生活の延長線上として始めることができますから好都合です。

それでもなかなか動き出せない人は、とにかく何でもよいので、準備だけでも進めてみてはいかがでしょうか。

理科の授業で「慣性の法則」を習ったと思います。慣性の法則とは、外から力が加わらないと物体は静止したままで、逆にいったん外から力が加わると動き出し、運動を続けるというものです。この慣性の法則は、実は人間にも当てはまります。

なかなか動き出せずにいると、人はやはり動き出すことができません。ところが、ひとたび活動を始めると、人はその活動を継続しようとするものです。これは掃除などを思い浮かべていただければ分かるでしょう。掃除を始めるまではやりたくないという気持ちでいっぱいなのですが、いざ掃除を始めると綺麗になるまでやってしまうものです。

実際にビジネスや投資をスタートするのかはともかく、準備のために活動するだけでも大きな違いです。準備をしてもあまり気乗りがしないようであれば、無理に進める必要はありません。その気になった時に再開すればよいでしょう。

実際に不労所得を実践している人から話を聞くというのも、最初の一歩を踏み出すための1つの方法です。

ブログやSNSから情報を得るのもよいのですが、可能であれば直接会って話を聞いた方がよいでしょう。デジタルでの情報はあまりマインドには影響しませんが、顔を合わせて得た情報というのは、大きな刺激をもたらします。あまり感化され過ぎてしまうのも考えものとはいえ、なかなか動き出せないというタイプの人にとっては、そのくらいの刺激があった方がよいと思います。

これとは逆の話になりますが、不労所得を目指していない人や、副業を行っていない人には相談しない方がよいでしょう。その人は、基本的に不労所得に後ろ向きだから行動していないわけで、「やめた方がよい」といったネガティブな答えが返ってくる可能性が高いからです。

1章

〝ネット時代〟の不労所得

ブロガー／ユーチューバー
せどり
会員ビジネス
リース／レンタル

1

ブロガー／ユーチューバー

労力 ■■■■□

リスク □□□□□

リターン ■■□□□

難易度 ■■■□□

ブロガーもユーチューバーも〝ラクして〟儲けてはいない

つい最近までブロガーやユーチューバーといった職業は、ほとんど理解されていませんでした。今でも一部の人は、ブロガーやアフィリエイター、あるいはユーチューバーという仕事をあまりよく思っていないかもしれません。

しかし若年層を中心に価値観は大きく変わっており、ユーチューバーは憧れの職業の1つとなっています。

ブロガーやユーチューバーについてあまりよく思わない人が一定数いるのは、ラクしてお金を儲けているというイメージがあるからでしょう。つまり、これらの仕事は、本書のテーマである不労所得と認識されている面があるのです。

では、ブロガーやアフィリエイター、ユーチューバーは不労所得を得ているのでしょうか。答えはイエスでもあり、ノーでもあります。

自分が運営するＷｅｂサイトが、グーグルの検索エンジンで上位にランキングされたり、一定数以上のファンが付いたりすると、日常的に多くの人がサイトを訪問するようになります。そのサイト上に広告を入れておけば、一定割合でクリックされ、その分だけお金を稼ぐことが可能です。

ひとたび人気サイトになれば、すぐにアクセスが減るということはありませんから、しばらくの間は何もしなくても広告収入が入り続けることになります。中には生活費のほとんどをブログで稼ぐ専業ブロガーもいますから、そうなってくるとブログは1つの不労所得と見なすことが可能でしょう。

しかしながら、こうした人気サイトを作り上げることは並大抵のことではありません。元から知名度が高い芸能人のような人物を除くと、誰もがゼロからサイトを立ち上げ、人気サイトに成長させていくわけですから、そこにいたるまでにはかなりの努力が必要となります。詳しくは後ほど説明しますが、成長途上では不眠不休で記事をアップするブロガーも多いくらいなので、これでは不労所得とはとても呼べません。

人気サイトに成長しても、読者というのは常に新しい情報を欲しがりますから、多くの記事や動画を日々アップする必要に迫られます。ただ寝ているだけで広告料が入るというわけにはいかなそうです。

筆者がブロガーやユーチューバーという仕事は、不労所得という面もあるが、そうではない部分もあると説明したのは、こうした理由からです。

それでも、副業として本業の足しにするというレベルの収入でよいということであれば、ブロガーというのは非常に魅力的です。何しろ初期投資がかかりませんし、自分の好きな時間に記事をアップできます。

作成した記事は一種の資産になりますから、記事を書けば書くほど、ストックが蓄積されていき、そこから得られる報酬も増えていきます。一定の条件付きではありますが、ブログによる収益は不労所得の1つと見なしてもよいでしょう。

ブロガーとアフィリエイターの収益構造の違い

多くの人はあまり意識していないかもしれませんが、ブロガーとアフィリエイターは厳密にいうと異なる職業です。Ｗｅｂサイトを運営して、何らかの形で広告収入を得ているという点では同じですが、広告主（クライアント）からのお金の入り方が違うのです。

明確な定義があるわけではありませんが、**一般的にブロガーと呼ばれる人たちは、コンテンツマッチ広告と呼ばれるタイプの広告を自身のブログに配置し、そこから広告収入を得ています。一方、アフィリエイターと呼ばれる人は、アフィリエイト広告を主に利用しています。**

コンテンツマッチ広告とアフィリエイト広告は、同じネット広告でも仕組みが大きく異なります。両者の違いについて説明しましょう。

コンテンツマッチ広告は、広告サービスを提供する企業が、サイトの内容を自動的に判別し、もっとも適した広告を自動的に配信するタイプの広告です。

コンテンツマッチ広告の代表とされているのが、グーグルのアドセンスというサービスで、このタイプの広告を入れているサイト運営者のほとんどが、グーグルのサービスを利用していると考えられます。

サイトの運営者は、どの場所に広告を入れるのかさえ決めれば、あとはお任せで広告の運用ができるため、日常的には広告についてあまり意識する必要はありません。とにかく話題となるブログを運営し、たくさんの訪問者を獲得すれば、その分だけ広告がクリックされる数が増え、広告収入も増加することになります。

一方、アフィリエイト広告は、同じネット広告でも収益が発生するメカニズムが大きく異なります。アフィリエイト広告は、成果報酬型広告とも呼ばれており、サイトを訪問した利用者が広告をクリックし、広告主が設定している特定の成果が得られた場合に広告料が支払われる仕組みとなっています。

広告主が設定する成果というのは、たとえば「利用者が資料請求を行った」「利用者が会員登録をした」「実際に商品を購入した」など様々です。これらの成果は広告主に

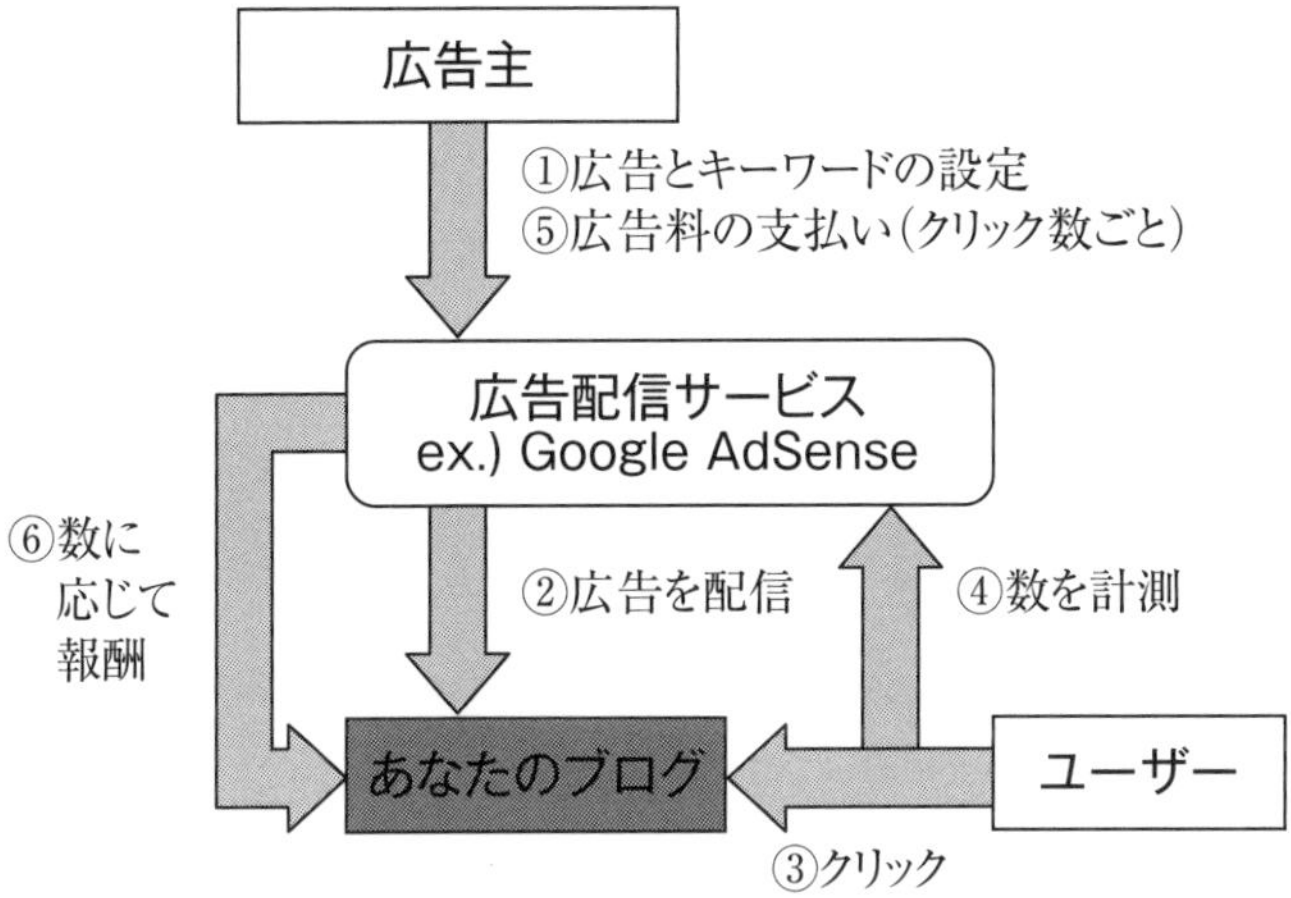

コンテンツマッチ型

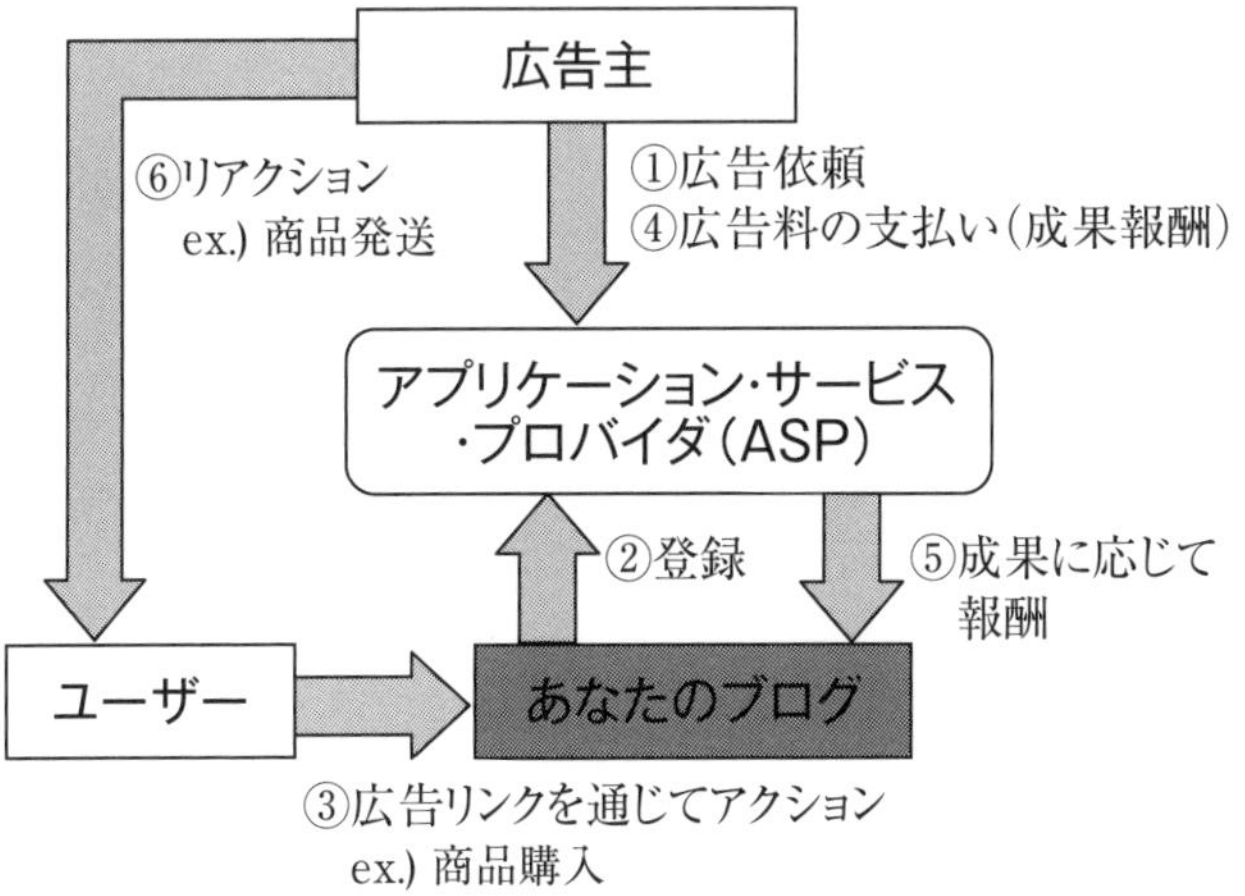

アフィリエイト型

とっては非常に効果的ですし、成果を確認してからお金を払うという仕組みですから、中にはかなりの高額料金が設定されるケースがあります。

アフィリエイト広告は、通常のコンテンツマッチ広告よりもハードルが高い分、得られる収益も大きいというのが特徴です。

広告型によってブログの「テーマ」は決まる

通常のコンテンツマッチ広告は、とにかく利用者が広告をクリックしてくれれば広告料が入るため、サイトの閲覧数（PV＝ページビュー）が多ければ、その分だけ広告料も増加します。したがって、そのブログのテーマは何でもよく、とにかく人気の記事をたくさんアップすればよいと考えてよいでしょう（もちろん分野ごとに広告料金が高い安いという違いはあります）。

一方、アフィリエイト広告は、実際にその商品を購入するといったアクションがないと報酬が得られませんから、購入する意欲のある利用者をうまく広告に誘導しなければなりません。このため、アフィリエイトを中心に収益を得るためには、単にＰＶが多ければよいというわけにはいかず、サイトのコンテンツは可能な限り広告に誘導できる内容にする必要があります。具体的には、「腕時計の選び方」といったサイトを構築し、「あなたにぴったりな時計はコレ！」といった形で、訪問者を時計販売店のサイトに誘導する仕組みが求められます。

結果として、**コンテンツマッチ広告を中心としたサイトと、アフィリエイト広告を中心としたサイトでは、コンテンツの内容が大きく変わってきます。**

コンテンツマッチ広告のサイトはとにかくＰＶが増えればよいわけですから、内容に制限はありません。テーマを絞らない日記のような内容でも、そのブロガーの人気が高くなれば、多くのＰＶが得られ、収益につながります。

もっとも、一般人がただ日記を書いただけでは人気サイトになる確率は極めて低く、実際には他のサイトと差別化できる特徴的なテーマを設定することが重要となります。それでも、特定の商品やサービスに誘導する内容にする必要はないので、コンテンツの幅は広がります。実際に、コンテンツマッチ広告が入っているブログが扱うテーマは多種多様で、無数のジャンルが存在します。

一方、アフィリエイトの場合には、報酬が得られる広告に誘導しなければなりませんから、分野は偏ってきます。アフィリエイトの場合には、コンテンツがあって、広告が入るという順番ではなく、広告収入が得られそうな分野を最初に選定し、広告にあったコンテンツを作成するという流れになります。したがって、アフィリエイトを中心としたブログのテーマは、かなり特徴的です。

ネットの世界では、コンテンツマッチ広告を中心に分野が限定されないサイトを運営する人をブロガーと呼び、アフィリエイト広告を中心としたサイトを運営する人をアフィリエイターと呼んでいます。

実際には、日記のようなブログの中にうまくアフィリエイト広告を入れている運営者もいますから、両者の違いはそれほど厳密ではありません。あくまでどちらが中心なのかという大雑把な区分と考えてください。

どのくらいの閲覧数があれば儲かるか

それでは、こうしたブロガーやアフィリエイターは、どのくらいの収益を稼ぎ出すことができるのでしょうか。

基本的にはサイトを訪問する利用者が多ければ多いほど、広告が閲覧される可能性が高いため、稼ぎを増やすためにはＰＶ数を増やすことが重要となります。しかし先ほども説明したように、同じネット広告といっても、コンテンツマッチ広告とアフィリエイト広告とでは、その性質が違いますから、必要となるＰＶ数も大きく異なります。

コンテンツマッチ広告を使った一般的なブログの場合、ＰＶあたり０・２～０・５円程度の収入があります。したがって1カ月あたり10万ＰＶあれば、２万～５万円が稼げる計算になります。

この数字はあくまで目安ですから、状況によって大きく変わると思ってください。Ｐ

Ｖの数字が上がってくると、単価の高い広告が入りやすくなり、ＰＶあたり１円程度の収益になることもあるので、必ずしもＰＶと収入は正比例しません。ＰＶ数が増えれば増えるほど、広告収入の増加が加速してくるとイメージするとよいでしょう。

では、先ほど例として取り上げた10万ＰＶのブログを実現するのは、どのくらい大変なのでしょうか。

世の中には無数のブログが存在していますが、１カ月あたり１万ＰＶを実現しているブログは、全体の５％程度と言われています。そこからさらにケタが１つ上がるということになると、１％を切るのではないかと思われます。

10万ＰＶでＰＶあたりの単価が０・５円ということになると、月あたりの収益は５万円ですから、年間60万円ということになります。上位１％という狭き門を突破しても年収60万円という数字を見て、バカバカしいと考える人も多いかもしれません。

実際、ブログをやっている人のほとんどが１円も稼ぎ出せていません。しかしながら、物事は考え方次第です。

確かに、この収益だけではとても食べていくことはできませんが、元手がほとんどかからず、ブログを運営するだけでこの金額が得られるわけですから、非常に効率のよいビジネスであるともいえます。副業的にこうしたブログを運営できれば、まさに不労所得として位置付けることも可能でしょう。

これに対してアフィリエイト広告中心の場合、いくら以上のＰＶならいくら稼げるといったマクロ的な分析手法は使えません。分野を上手に絞《しぼ》れば、ＰＶは少なくても、高額商品の広告に誘導することで、大きな収益を上げられるからです。

人によっては月あたり数千ＰＶしかなくても、月10万円以上の収入を確保できるケースもあります。アフィリエイト広告の場合、単純にＰＶの多い少ないではなく、単価の高い広告に誘導できる分野にうまく集中できたかどうかに依存することになります。

最低でも1日5記事はアップする

では、とりあえず1つの収益の目安となる、月あたり10万ＰＶのブログを作るには何をすればよいのでしょうか。

ひとことで言ってしまうと、**グーグルの検索エンジンで上位に来るコンテンツをたくさんアップする**ということに尽きます。

紙媒体の時代は、読み手は目的意識を持って雑誌や新聞を読んでいました。料理のことを知りたいのにビジネス誌を手に取る読者はいなかったからです。しかし、ネットの時代はコンテンツにいたる経路がまったく異なります。

自分が知りたい、あるいは興味のあるキーワードを検索エンジンに入力し、そこで表示された結果をクリックしてサイトを訪問します。検索という作業に慣れた利用者であれば、クリックする前に、そのサイトは誰が作っているのか(官庁のサイトなのか、個人のブログなのか、メディアサイトなのかなど)、あるいはどのような内容なのかについて、おおよそ見当を付けてから訪問しますが、そうでない人もたくさんいます。検索に不慣れな多くの人たちは、そのコンテンツがどのようなものなのか分からないままサイトを訪問してくるわけです。

しかも、パソコンやスマートフォンの画面のスペースには限界があるため、検索結果を表示する最初のページに載らないと、クリックされる確率はグッと低くなります。つまりネット時代においては、検索エンジンで上位に表示されるコンテンツであることと、不特定多数の人が望むコンテンツであることが極めて重要となります。

一部のブロガーはツイッターなど、SNSでの発言が話題となり、ここから大量のアクセスが流入することもありますが、知名度のない人が、SNSで大きな話題になるケースは少ないというのが現実です。まずはブログの知名度が上がり、次にツイッターなどでも話題になって、相乗効果が得られるという順番でしょう。

とにかく、グーグルの検索エンジンはすべての利用者の入り口となりますから、ここで上位に表示されなければ、ブログで成功することはほぼ不可能です。

では、グーグルの検索エンジンは、どのような基準でコンテンツの優先順位を決めているのでしょうか。

グーグルは、その基準について公表していません。したがって、これは推測する以外にないのですが、これまでの経験上、ある程度の基準は分かっています。

もっとも重要なのはコンテンツの「量」と「内容」です。

グーグルの検索エンジンは、常にあらゆるサイトを巡回して、新しいコンテンツがアップされていないかチェックしています。たくさんの新しい記事が毎日アップされるサイトと、たまにしかアップされないサイトを比較すると、当然のことながら、毎日記事がアップされるサイトの方が圧倒的に順位が高くなります。

すでにたくさんのアクセスを集めているサイトであれば話は別ですが、ゼロからブログを作るという場合には、最初のうちは1日あたり5本程度の記事を毎日アップし、その作業を半年以上、継続する必要があるでしょう。この基準をクリアしなければ、検索エンジンに注目されず、競争のスタートラインに立てないという状況に陥ってしまいます。

ブログの初心者でアクセス数が伸び悩むケースの大半は、コンテンツの絶対量不足が原因です。

よほどの有名人でもない限り、大量の記事を毎日アップすることができなければ、検索エンジンで上位に表示されることはないと思ってください。逆にいえば、**継続的に大量のコンテンツをアップすることさえできれば、収益化できる可能性はかなり高**

まってくると思ってよいでしょう。

コンテンツの質は「キーワード」で判断される!?

もちろん大量に記事をアップすれば、中身はどうでもよいというわけにはいきません。グーグルは記事の本数だけでなく内容もチェックしています。

もっとも、内容をチェックするといっても相手は機械ですから、人間のように文章を読んで、その質の高さを判定しているわけではありません。最近はＡＩ（人工知能）の発達で、文章の解析もある程度は行っているようですが、**グーグルがもっとも重視しているのはキーワード**です。

多くの人がどのようなキーワードについて関心を持っているのかは、検索エンジンを運営するグーグルが誰よりも知っています。多数の記事がアップされ、多くの人が望むキーワードが入っているサイトの順位は、確実に上がっていくでしょう。

このグーグルの仕組みを悪用したのが、一時期、大問題となったキュレーションサイトです。一部のキュレーションサイトは、検索されやすいキーワードをたくさん含んだコンテンツを他のサイトからコピーし、おびただしい量のコンテンツをアップしていました。

グーグルはコンテンツのコピーについても検証しているようですが、まだチェック機能は十分ではなく、こうしたサイトが上位に並び、大きな収益を得ていました。他人のコンテンツをそのままコピーするというのは犯罪ですから、決してやってはいけませんが、似たようなことを行っているサイトはまだたくさんあり、かなりの収益を上げているのも事実です。

つまり、この話はウラを返せば、グーグルはコンテンツの量とキーワードを依然として重視しているということでもあります。

一時期、検索エンジンでサイトを上位に表示する方策として、ＳＥＯ（検索エンジン最適化）が話題になったことがありました。グーグルの検索エンジンからよい評価を受けるために、サイトのデザインやタグなどに工夫を凝らすなど、その手法は多岐にわたっています。今でも有料でこうしたサービスを提供しているところもありますが、多くの人にとってSEOのサービスはあまり意味がないでしょう。

SEOはやらないよりはやった方がよいでしょうが、先ほども説明したように、グーグルの検索エンジンは何よりもコンテンツの数と内容を重視しています。ムダにSEO対策に時間とお金を費やすくらいなら、多くのコンテンツをアップした方が明らかに効果が高いと思います。

筆者はいわゆるブロガーではありませんが、5つほどブログを運営し、収益化した経験があります。多くの読者が関心を持つコンテンツを1日あたり5本以上アップするという作業を続けたところ、分野が異なるすべてのサイトで、多くのアクセスを確保することができました。今のところ、このやり方に勝る方法はないと思ってよいでしょう。

徒然なるままに「書きたいことだけ書く」ではダメ

多くの人がブログで成功できないのは、こうした正攻法を無視し、一気にアクセスを増やすことばかり考えてしまうからです。多くの物事に共通することですが、ラクをしていきなり大きな成果を得ることは不可能です。もし、**ブログを収益化したいのであれば、地味なやり方をコツコツと続ける以外に方法はない**と思ってください。

当然ですが、キーワードだけがあっても、多くの人がそれを読んで、長い時間サイトに滞在しなければ、広告のクリック率は上がりません。

よくブログで日記のようなものや、自らの主張をズラズラと書いている人を見かけます。あくまで趣味であればそれでよいのですが、収益化を目指している場合には、考え直した方がよいでしょう。

ブロガーとはいえ、コンテンツでお金を稼ぐ以上、プロフェッショナルということになります。自分が書きたいものを書くのではなく、他人が読みたいものを書くのが文章のプロです。

この話は、読者としての自分に当てはめてみればよく分かると思います。

あなたは、見ず知らずの、しかも無名の他人が書いた日記や自己主張の記事をたくさん読みたいと思うでしょうか。答えはいうまでもありません。グルメの情報でも同じです。自分が食べたものをただ羅列して感想を述べただけのサイトを、多くの人が訪問するわけがありません。

しかし、同じグルメの情報でも、あるエリアに存在している飲食店情報をすべて網羅したサイトであれば、その価値は一気に上がります。エリア限定で、「食べログ」にも載っていない店をすべてカバーしているならば、それは多くの人が欲しがるコンテンツに変貌《へんぼう》するでしょう。

つまり、**収益化を目指す以上、そこにはマスメディアが行っているような「編集」という作業が必要**となってくるのです。これに気付くことができなければ、いつまで経ってもブログで稼ぐことは不可能です。

広告への依存度が高いアフィリエイトのサイトなら、なおさらです。財布に関するサイトなら、財布に関する情報を欲しがる利用者をうまく集め、記事を読ませたうえで、目的の広告に誘導する必要があります。

アフィリエイトの場合には、サイトのデザインも含めて、さらに高度な仕掛けが必要となるでしょう。閲覧数は少なくて済みますが、コンテンツ作成の難易度は高いと思ってください。

今後のコンテンツの主流は動画になる⁉

テキストではなく動画のコンテンツを扱うユーチューブも、基本的な考え方は同じになります。

ユーチューブの場合には、動画再生の前や途中に広告が挿入され、広告料の一部がコンテンツの提供者に配分される仕組みとなっています。ユーチューブによる広告収入を仕事にしている人のことをユーチューバーと呼ぶことは、多くの人がすでに認識していると思います。

ブログと同様、ユーチューブもたくさん動画が再生されれば、その分だけ広告収入が増えます。ブログではPVがもっとも重要な指標でしたが、ユーチューブの場合には再生回数がこれに相当します。また動画の場合、すべて再生するのに時間がかかりますから、閲覧時間の累計も大事な要素になってきます。

つまり多くの人が再生ボタンを押し、かつ長い時間再生された動画を提供できた人に、多くの広告料が入ることになります。

今のところユーチューブから得られる広告収入は、ブログよりも低いと考えられます。ユーチューブはグーグルの傘下にありますが、グーグルはユーチューブについても収益構造を明らかにしていないため、はっきりしたことは分かりませんが、再生回数が多い動画の場合、1再生あたりの広告収入は0・1~0・2円程度と考えられます。再生回数が少ない場合、ケタが下がって1再生あたり0・01円程度ということもあるようです。

ちなみに、ユーチューバーとして有名なＨＩＫＡＫＩＮ（ヒカキン）さんの1カ月あたりの再生回数は約1億3000万回、累計再生回数は100億回を超えています（2019年6月時点）。再生単価が0・1円だとしても、1カ月あたりの収益は1300万円ということになります。

ただし、グーグルは視聴回数が累計で1万回未満のチャンネルや、チャンネル登録者が1000人未満のチャンネルには、広告が表示されないようにしています。条件をクリアしないチャンネルの場合、そもそも収益の対象となりません。

とにかく**広告を入れさえすればよいブログと比較した場合、ユーチューブのハードルは高い**と思ってください。この話はコンテンツについても同じことがいえます。

どんな動画でもよければ、スマホがあれば撮影できますが、ユーチューブで収益を上げている人は、画質や音質にもかなりこだわっています。1本の動画だけなら、面白ければそれでよいのですが、テレビ局のように継続して自分のチャンネルを見てもらえないと、収益にはつながりません。

この時、雑音が多く入っていたり、画質が悪いものが続くと、視聴者が離れてしまいます。こうした条件をクリアするためには、それなりの機材が必要となりますから、ブログに比べるとかなりの手間とコストがかかります。

しかしながら、グーグルは今後、ブログなどのテキストコンテンツよりも、ユーチューブの動画コンテンツを重視していく可能性が高いでしょう。ブログで収益化を考えている人も、何らかの形で動画の分野にも進出しないと、収益を継続するのは難しくなるかもしれません。

ブログやユーチューブは見方によっては不労所得ですが、それを継続するためには、かなりの手間や努力が必要という意味で、難易度が高いということは忘れてはなりません。

ゲームで遊んでいるだけで稼げる!?

ゲームが世の中でメジャーな存在になってきたことで、海外を中心にプロのゲーマーと呼ばれる人が増えています。日本国内にも一部ですが、プロのゲーマーが存在しています。

ゲームをプレーすることで収入を得るという点で、賭け事に近いイメージを持つ人もいるかもしれませんが、プロゲーマーの実態はまったく異なります。海外ではゲームはどちらかというとスポーツにカテゴライズされており、eスポーツなどという呼び名もあります。

プロのスポーツ選手と同じですから、プロのゲーマーは、コンピュータゲームの大会に出場して賞金を稼いだり、スポンサーから資金提供を受けるという形で収入を得ています。

プロのスポーツ選手と同様、プロのゲーマーは厳しいトレーニングを毎日行っていますし、体力的な問題もあるため、選手生命はかなり短いとも言われています。従来のスポーツとは異なるとはいえ、彼らはアスリートの一種ですから、不労所得レベルはゼロに近いといってよいでしょう。

しかしながら、こうしたゲームの普及は、別な形での収益も生み出しつつあります。1つの例がユーチューブなどを使ったゲームの実況配信です。

ゲームが好き、あるいはゲームのスキルを上げたいと考えている人は、上手なゲームプレーヤーがどうプレーするのか見たいと考えています。したがって高度なスキルを持つゲームプレーヤーが、自分のゲームプレーの様子をユーチューブなど動画サイト上で配信すると、多くの視聴者がこれを閲覧してくれます。

海外ではゲームの様子を配信するだけで、年間18億円も稼ぐ人が出てきているそうですから、かなりの市場規模と考えてよいでしょう。

もし好きなゲームをやり続けることで広告収入を得ることができるのであれば、完璧な不労所得の1つと考えてよいかもしれません。ただ、収益モデルとしては完全にユーチューバーということになりますから、他の分野のユーチューバーと同様、かなりの知名度にならないと高額の広告収入を得ることはできないでしょう。

さらにいえば、ただゲームが上手なだけでは固定ファンを獲得するのは難しいと思われます。他の分野のユーチューバーもそうですが、漫然と動画をアップしているだけでは大きなアクセスを稼ぐことはできません。

1つの動画をアップするごとに視聴者の反応をチェックし、どのような内容をアップすれば、どういった視聴者を獲得できるのか、試行錯誤を繰り返しています。

テレビなど既存のメディアの場合、ひとたび人気が出れば、しばらくはその惰性で高い視聴率を維持できることがあります。しかしユーチューブの場合、人気のユーチューバーであっても、面白くない動画をアップすると、すぐに再生回数が落ちるなど、環境はかなりシビアです。

若年層の中には、テレビなどに出ている芸能人と比較して、ユーチューバーは常に試行錯誤《しこうさくご》が必要となるので、努力を積み重ねている地に足が付いた人という印象を持つ人もいるくらいです。

これはゲーマーも同じであり、単にゲームが上手いというだけでなく、そのゲームを見ている人の心をどうつかむのかが、人気を獲得する鍵となりそうです。

こんな人にオススメ！

◎文章を書くこと（ブログ）／映像を撮ること（ユーチューブ）が好き。
◎マメな性格で、定期的にコンテンツを配信することが苦でない。
◎読者／視聴者の反応を意識して、コンテンツをつくれる。

2

せどり

労力 ■■□□□

リスク ■□□□□

リターン ■□□□□

難易度 ■□□□□

「せどり」が流行しているワケ

政府が副業を推奨《すいしょう》する方向に舵を切ったことなどから、お手軽に稼げる方法として、最近特に注目を集めているのが、フリマアプリを利用したせどり（中古品の売買）です。特にメルカリは女性を中心に大変な人気となっており、中には月10万円以上の金額をメルカリへの出品で稼ぐ猛者《もさ》も現れています。

メルカリはここ数年、急成長を遂げたフリマアプリです。２０１３年のサービス開始以降、破竹の勢いで利用者数を拡大してきました。２０１８年における月間利用者数はおよそ1000万人で、1年間に3500億円ほどの商品がメルカリ上でやり取りされています。

同じ中古品の売買を仲介するサービスとしては、ヤフーオークション（ヤフオク）に代表されるオークションサイトというものがあります。フリマアプリが存在していなかった時代には、中古品の売買といえばヤフオクで、現在でも年間9000億円近い取扱高があり、中古品売買ではトップです。

以前のヤフオクはオークション形式での出品が中心で、購入希望者が価格を競り上げることで最終的な販売価格が決まっていました（即決価格といって価格の競りを行わず、決まった値段で売ることも可能）。

しかし、メルカリなどフリマアプリが追い上げてきたことで、ヤフオクも売り手が決めた価格で販売する「フリマ出品」という、メルカリに似たサービスをスタートしました。現在ではヤフオクは、従来型のオークション出品とフリマ出品の2種類のサービスを提供しています。

国内のネット中古品売買は、メルカリとヤフオクが二大サービスとなっています。

ヤフオクは2種類の出品方法の中から選択できますから、中古品を売買するためには、①メルカリ、②ヤフオク（フリマ出品）、③ヤフオク（オークション出品）の3種類のやり方が有力な選択肢になります。

③のヤフオクにおけるオークション出品は、中古品の売買を本格的に行っているプロ級の出品者が多いため、初心者がまず出品を検討するのは、①メルカリか、②ヤフオク（フリマ出品）ということになるでしょう。

以下では主にメルカリに焦点を当てて、フリマアプリについて解説したいと思います。

メルカリの出品はごくカンタン

メルカリに出品するためには、利用者登録が必要となります。メールアカウントと、SMS（ショートメッセージサービス）を受信できる携帯電話があれば、登録可能です（このほかフェイスブックのアカウントなどを使って登録する方法もあります）。

当然ですが、商品を発送して代金を受け取るためには、銀行口座の登録も必要となります。実際に商品を販売したのち、180日以内に振込申請を行って銀行口座を指定すれば、代金が振り込まれます。

メルカリに商品を出品すること自体はそれほど難しいことではありません。

メルカリのアプリにある出品ボタンをタップすると、商品情報の入力画面になります。メルカリでは写真は必須なので、カメラボタンをタップして商品の撮影を行います。後述しますが、フリマアプリでは写真の出来映えが販売実績に大きく影響してきます。写真をしっかり撮れないと、フリマで稼ぐのは無理だと思ってください。

続いて、商品名や商品の説明文を入力します。

メルカリは2018年6月からバーコード出品機能を提供しており、本やDVDなどバーコードがある商品については、これをカメラで読み取ると自動的に商品タイトルが入力されることもあります。また、AIによる認識機能もあり、写真を画面に反映すると、もっとも適切なカテゴリーが候補として出てくるので、その中からふさわしいものを選択します。このほか商品の状態など必要事項を入力すれば、基本情報の入力は終わりです。

次に、配送料の負担や配送方法などを決定します。

配送料については、出品者が負担（送料込みの価格で出品）するか、購入者が負担（着払いで送付）するかのどちらかになります。考えるまでもありませんが、送料込みの方が圧倒的に商品がよく売れます。自分が買う側になってみれば分かると思いますが、着払いの場合には、いろいろと面倒です。送料込みの方が売れやすいのは当然のことでしょう。

配送方法も複数の候補から選択できます。

メルカリの場合、出品者と購入者がお互いに個人情報を明かさずに商品をやり取りする機能があります。これを利用したい場合には、配送方法の選択画面において「らくらくメルカリ便」か「ゆうゆうメルカリ便」のどちらかを選択します。

らくらくメルカリ便はヤマト運輸がメルカリに提供しているサービスで、ヤマトの営業所やコンビニから商品を配送できます。アプリでＱＲコードを表示させ、コンビニや営業所で読み取ってもらえば、代金の決済と送付状が自動で作成されるので、商品を渡すだけで発送が完了します。ゆうゆうメルカリ便もほぼ同様で、郵便局かコンビニで手続きができます。ＱＲコードをアプリで表示するだけで手続きが済むという点も同じです。

あとは販売価格を決めれば出品は完了です。

メルカリは価格交渉を行ってもよいことになっているので、中には値下げを希望してくる人もいます。このあたりは自分で方針を決めてやり取りしていくしかありません。中には非常識な値段を要求してくる人もいますが、商品を販売している以上は、こうした人たちにもそれなりに丁寧に対応していく必要があるでしょう。

こうしたことも含めて、一連の作業を楽しめる人であれば、フリマアプリは非常に面白いツールだと思います。一方で、交渉事を面倒だと感じる人は、せどりで稼ぐのは難しいかもしれません。

商品が売れた場合には、手数料が徴収されます。

メルカリの場合には販売価格の10％が手数料です。ヤフオクも販売価格の10％ですが、Yahoo!プレミアム会員の場合には、手数料が８・64％に割り引かれます。Yahoo!

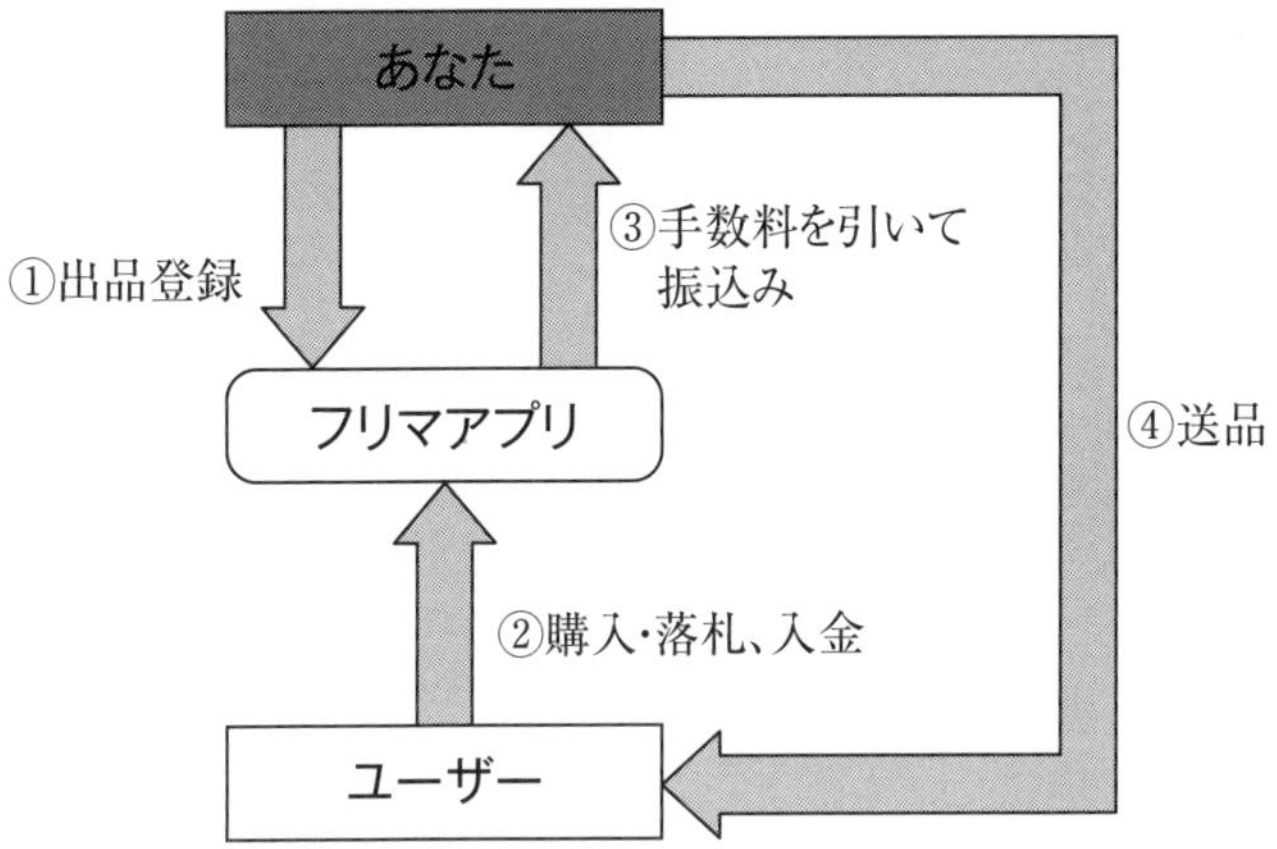

フリマアプリでの売買

プレミアム会員であれば、販売手数料は安くなりますが、月額の固定費用（月額498円）がかかります。どの程度の商品数を出品するのかで、どちらが得なのかは変わってくるでしょう。たくさん出品するのであれば、ヤフオクの方が割安です。

メルカリとヤフオクでは、購入・落札する利用者の属性も少々異なっています。ヤフオクは歴史がありますから、オークション慣れしている利用者が多いという印象ですが、メルカリの場合には、最近になって中古品の購入を始めたばかりという人も多いため、値引き要求も少々荒っぽいことがあります。

またヤフオクの利用者の方が、他の商品との価格比較を徹底して行っている印象があり、同じ商品でも、相場を知るためにはヤフオクの方が参考になるケースが多いようです。

このあたりは好みの問題となりますが、もし本格的に中古品の売買を行いたいのであれば、どちらにも登録しておいた方がよいでしょう。

フリマでも変わらない、商品売買の基本の基

前の項で、どうすれば読まれるブログを書けるのかという話をしましたが、その答えは、自分が書きたい文章ではなく、読者が読みたい文章を書くことに尽きるというものでした。

この話は、実はビジネスにおける基本中の基本の話であり、中古品の売買もビジネスとして行う以上、まったく同じ理屈になります。つまりメルカリやヤフオクで上手に商品を売るためには、**自分が売りたいものではなく、他人が買いたいものを出品し**

なければなりません。当たり前のことのように思うかもしれませんが、多くの人がこの基本を守れず、なかなか商品が売れないという状況に陥っています。

これに加えて重要となるのが、商品の写真と説明です。

フリマの出品者の中には、商品がよく分からない写真を掲載していたり、説明をほとんど載せていない人も少なくありません。自分が商品の買い手だったら、不鮮明な写真しかなく、商品説明が書かれていないものを、わざわざ購入するでしょうか。

商品についてできるだけ詳しく説明するというのは、商売の基本であり、これができているだけでもかなりの差別化要因となります。

メルカリやヤフオクで他人が出品しているものを買うだけであれば、タイムラインに流れてくる商品を漠然と眺めていればよいでしょう。しかし、自身が出品者となって多くの商品を売りたいと考えるならば、それでは不十分です。

どのような商品がどの程度の頻度で出品されているか、価格の相場がいくらなのか、常にチェックしておく必要があります。相場を知るという意味でも、メルカリかヤフオクのどちらかではなく、両方に登録した方がよいでしょう。また売れている商品はどのような写真が掲載されているのか、商品の説明文はどうなっているのかなどについて、常に研究することが大事です。

家にある不要品について、いくらでもよいので売れればよいという考え方でフリマを利用する場合と、しっかりお小遣いを稼ぐつもりでフリマを利用する場合とでは、物事に対する考え方を180度変える必要があります。前者はあくまで家庭生活の延長ですが、後者は規模が小さいとはいえ、れっきとしたビジネスです。そこには商売のマインドがなければ、うまくいきません。

では、商売でもっとも大事なことは何でしょうか。すべてが大事ではありますが、あえて1つに絞るなら、それは「仕入れ」ということになるでしょう。**商人にとって、どこから、いくらで商品を仕入れるのかは、もっとも重要なノウハウです。**仕入れがうまくなれば、商売の7割は成功したのも同然といってよいでしょう。

フリマで稼ぐ場合でもそれはまったく同じです。

たとえば、海外旅行によく行く人であれば、同僚や知人に渡すためのお土産に加えて、転売する分も買って帰り、購入金額以上の値段で販売することが可能ですが、海外のお土産であれば何でも売れるというわけではありません。どのような商品なら売れやすいのかという相場を知らなければ、在庫を抱えてしまうことになります。

あまり品のよいことではありませんが、他人からもらった品物をフリマに出品してお金を稼いでいる人もいます。しかし、単にもらっても要らないものを出品するだけでは戦略的とはいえません。

自分としては少し使ってみたい、食べてみたいと思うものでも、売れやすいと判断されるなら、出品すれば収益は上がります。自分としてはさほど必要ないものでも、売れない確率が高いものは、自分で消費した方がよいかもしれません。

お土産や他人からのプレゼントは、あくまで何かのついで、あるいは不要品の活用ということになりますが、もう少し積極的に中古品を売買する人は、わざわざ販売するために商品を買ってくる、つまり仕入れることになります。ここまで来ると、完全に商売ですから、仕入れの目利きがすべてということになるでしょう。

アイデアさえあれば仕入れコストはゼロ円に

フリマアプリでは、こんなモノが売れるの？　というモノも売られています。すでにメディアなどでも取り上げられているので多くの人が認識しつつありますが、トイレットペーパーの芯はフリマの定番商品の1つとなっています。

使用済みのトイレットペーパーの芯は、学校の工作用の素材として重宝されますが、家では欲しい時にはすでに捨ててしまったりしていて、頃合いのよい量を確保できないことがほとんどです。

そのため、芯を何十本かセットにした商品に、数百円から数千円の価格が付きます。ある意味で仕入れはゼロ円ですから、商品としては非常によいアイデアです。こうしたアイデア商品をうまく出品できると、仕入れコストゼロでも結構な金額を稼げる可能性があるわけです。

あまりよい例ではないのですが、以前メルカリに読書感想文が出品されたことが話題になりました。

これは400字詰めの原稿用紙に手書きで書かれた読書感想文なのですが、もちろん有名な書き手が書いた文章ではありません。一般人が書いた読書感想文をなぜ出品するのかというと、購入した感想文をそのまま宿題として提出する人が存在しているからです。出品された感想文の中には、あえて下手な文章にすることで、大人が書いたことが分からないよう工夫されているものもあったようです。

最近は子供の宿題を有償で請け負う、いわゆる宿題代行業者が増えていますが、それのフリマ版と考えればよいでしょう。学校の宿題を代行業者にやらせ、空いた時間を受験勉強に充てるという考え方に筆者は賛同しませんし、そうした手助けをするようなビジネスもあまりやるべきではないでしょう。

ただ、このケースは、**世の中には隠れたニーズがたくさん存在している**ことを如実《にょじつ》に示しています。どのような商品が出品されているのかをチェックすることが、いかに大事なのか、お分かりいただけると思います。

しかしながら、フリマというのは「市場」ですから、ある商品が売れると分かれば、多くの競合が参入し、その結果、価格はあっという間に適正水準まで下がってしまいます。先ほど紹介したトイレットペーパーの芯のほかにも、組み立て済みのプラモデルを売るなど、たくさんのアイデア商品がありましたが、多くの人が参入したことで、以前のような価格は維持できなくなっています。

高い値段で売るためには、他人が出品していない独自のアイデアを編み出し、先に市場に参入して先行者利益を得ることが重要です。これはフリマに限らず、ビジネスの基本です。こうした努力を積み重ねる必要がある段階にいたると、フリマへの出品も不労所得とはいえなくなってくるかもしれません。

もう少し軽く考えるのであれば、日常的な買い物にひと工夫するとよいでしょう。中古品の売買に慣れた人は、自分用の買い物にも仕入れの視点が入るようになります。フリマに出したらいくらで売れるのかを最初に考えて商品を購入するわけです。

特にブランド物にその傾向が顕著ですが、お店で買う値段が同じモノでも、中古品として売る場合の値段には大きな差がつくケースが少なくありません。同じ金額を出すのであれば、売れやすい商品を買っておき、使用後に転売した方が圧倒的に得であることは説明するまでもないでしょう。

最近はネットの発達で、商品を買う前にネットで価格相場を調べることはもはや常識となりました。しかし、フリマで成功するためにはそれだけでは不十分です。新品の値段の相場を知ると同時に、中古品がいくらで売れるのかについても事前に調べたうえで商品を買わなければ、フリマ長者にはなれません。

今後はシェアリング・エコノミーの発達で、あらゆるモノやサービスが社会で共有されるようになります。家を買うにも、いくらで転売できるのか、いくらで賃貸できるのかが重要となっています。日常的にこうした思考ができるようになれば、それは1つの不労所得の手法を得たと認識してもよいかもしれません。


こんな人にオススメ！

◎物価相場に興味があり、調べるのが苦でない。
◎売買に関する交渉事が好き。
◎仕入れや商品に関して、アイデアが出せる。

3

会員ビジネス

労力 ■■■□□

リスク □□□□□

リターン ■■■□□

難易度 ■■■■■

「オンラインサロン」を立ち上げる人が増加中

ネットが社会のインフラとして定着してきたことで、近年注目を集めているのが、ネットを使った会員ビジネスです。会員というと、昔ながらの会費制サービスを思い浮かべますが、最近の会員ビジネスはちょっと違います。

ネット上である程度の知名度のある人が、有料のネット・サロンなどを開催し、そこで収益を上げるという形態が多く見られます。個人のサロンをネット上に拡張したようなものなので、友達ビジネスと捉えてもよいかもしれません。

ネット上の会員ビジネスの代表といえば、やはりオンラインサロンでしょう。

ホリエモンこと堀江《ほりえ》貴文《たかふみ》さんやお笑いタレントの西野《にしの》亮廣《あきひろ》さんなど、著名人が相次いでサロンを開催し、大きな収益を上げたことから、メディアで取り上げられる機会も増えてきました。

当初は著名人や知名度のあるブロガーによるサロン開設が中心でしたが、一般にはそれほど名前が知られていない人もサロンを開設するようになり、裾野《すその》が広がってきました。オンラインサロンの認知度は上がってきていますから、あるコミュニティで一定の知名度があれば、サロンを運営できるようになりつつあります。

サロンの分野は多岐にわたっています。

もっとも目立つのはビジネススキル、自己啓発といった分野ですが、趣味、スポーツ、美容など様々な領域でサロンが開催されています。多くの人が知りたいと思うテーマや、仲間と情報交換したいと思えるテーマであれば、あらゆるものがサロンの対象となるでしょう。

では、オンラインサロンでは具体的にどのようなことが行われているのでしょうか。

基本的には主催者が中心となって何らかのコンテンツを会員に配信し、会員がそれを受けて発言するなど、双方向のコミュニケーションを行うという形式が一般的です。ブログは基本的に一方向の情報提供ですが、サロンの場合には、参加者が相互に交流することが可能となりますし、こうした機能に対して参加者はお金を払っているわけです。

つまり、**オンラインサロンを運営して収益を上げるためには、会費を払って参加している人の満足度を高めていく努力が必要**となります。詳しくは後述しますが、この部分がうまくいかないとサロンの運営は失敗します。

自前で運営するか、サービスを利用するか

オンラインサロンの運営方法には、大きく分けて2つの方法があります。1つはIT事業者などが提供しているオンラインサロンのプラットフォームを利用するという方法、もう1つは自前でサロンを運営するという方法です。

オンラインサロンのプラットフォームとしては、ＤＭＭが提供するＤＭＭオンラインサロンが有名です。以前はSynapse（シナプス）というプラットフォームもありましたが、ＤＭＭがシナプスを買収したことで、ほぼＤＭＭに一本化されつつあります。もっともプラットフォームといっても、ＤＭＭで提供されているオンラインサロンの多くは、フェイスブックのグループと呼ばれる機能を使っており、実際のサロンのオペレーションはフェイスブック上で行われます。ＤＭＭが提供しているのは、顧客管理と運営管理の代行サービスです。

フェイスブックを使わない形態も選択可能ですが、今のところフェイスブックをベースにしたサロンの方が圧倒的に多いというのが実状です。サロンの利用者層は必然的にフェイスブックの利用者層と重なりますから、このあたりには少し注意が必要かもしれません。

高齢者や若年層はあまりフェイスブックを使っていませんので、この年齢層を対象にしたコンテンツの場合、フェイスブック・ベースのサロンは馴染《なじ》まないでしょう。よほど知名度が高かったり、サロンが魅力的であれば、そのサロンに入るためにフェイスブックのユーザーになると思いますが、そこまでの知名度を持つ人はそれほど多くないと思います。もともとフェイスブックをやっている人の方が、サロンにも入会しやすいはずです。

オンラインサロンの運営サービスを提供している企業は、たいていの場合、サロンの料金の10～20％程度を手数料として徴収します。

たとえば月額料金を２０００円に設定し、1年間サロンを運用すると、会員１人あたりの年間売上高は2万４０００円になります。サロンの会員を１００人集めることができれば、合計の売上高は２４０万円です。ここから20％の手数料が差し引かれるとすると、最終的な年間利益は１９２万円ということになります。

ちなみに堀江さんが運営している「堀江貴文イノベーション大学校」は、時期によってかなり増減はありますが、２０１９年6月時点で約１４００人の会員を集めており、月の会費は1万円ちょっとですから、年間売上高は2億円近くになる計算です。20％の手数料を差し引いても、1億６０００万円ほどの利益となります（ただし、年会費プランや法人プランもあります）。

オンラインサロンの多くがフェイスブック上で運営されているように、会員の獲得や課金、情報管理などを自分でできれば、プラットフォーム企業に頼らなくてもサロンの運営は可能です。先ほどの西野さんはプラットフォーム企業のサービスを使わず、自前でサロンの運営を行っています。

サロンを開催しようと考える人は、すでに一定の知名度があったり、ブログやユーチューブなどを運営していると思われますから、集客は既存のツールを使えば何とかなるとして、最大の問題は課金でしょう。

自分で課金するサイトを構築するのは結構な手間がかかりますから、もっとも現実的なのは企業が提供しているオンライン・ショッピングのプラットフォームを利用することでしょう。

たとえばＢＡＳＥ（ベイス）というサービスを使えば、月額料金無料でネットショップを開設することができます。一般的なネットショップの場合、ネット上で商品を販売することになりますが、ここでサロンのチケットを売ればよいわけです。

商品が売れるとベイスは販売代金の約７％の手数料を徴収します（実際の手数料体

系はもう少し複雑ですので、詳細はベイスのサイトを参照してください）。サロンのプラットフォームを利用するよりは、手数料を安く抑えることが可能となります。課金プラットフォームとして全世界に知られているPayPal（ペイパル）を利用するという方法もあるでしょう。

もっとも、人数がそれほど多くなければ収入も少ないですから、20％の手数料を払ったとしても、サロンのプラットフォームを利用した方がよいかもしれません。逆に販売金額が大きくなってくると、20％の手数料はバカにならない金額となります。このあたりはサロンで集める人数や、自身が顧客管理にどの程度時間をかけられるのかによって変わってくるでしょう。

サロンの運営を持続させるにはコツがいる

サロンをうまく運営し、継続的な収益にするためには、ブログやユーチューブなどの従来型のツールとは少し異なるノウハウが必要となります。

ブログやユーチューブは、コメントの機能やツイッターなどとの併用で、ある程度の双方向性はありますが、基本的には発信者が一方向に情報を提供するためのツールです。

収入源のほとんどは広告ということになりますから、多くの人が閲覧するコンテンツを投入できれば収益を上げることができます。ブログやユーチューブでは、俗に言う「釣り」タイトル（タイトルとコンテンツの中身が違ってもよいので、人目を引くタイトルで読者を誘導することを表現したスラング）で、たくさんの人を集めてしまうという荒っぽいやり方も散見されます。

しかしサロンの場合には、お金を払ってくれるのは広告主ではなく、サロンに参加する人たちです。ブログやユーチューブは無料ですから、利用者が望むコンテンツとは違うものだったとしても、批判的なコメントをするくらいですが、サロンの場合には、イメージと違ったという理由だけですぐに退会につながってしまいます。

全員が満足するサロンを運営するのは不可能としても、ビジネスとして継続するためには、退会する人の数と新規に入会する人の数のバランスが取れていなければなりません。このため、可能な限り、**会員の満足度を上げるための工夫が必要**となります。具体的に気をつける必要があるのは、発信するコンテンツと利用者の参加を促す仕組みでしょう。

サロンに入会する人は、基本的にサロン主催者から話を聞きたいと考えている人です。一種のファンですから、配信するコンテンツを主催者が作成するのは当然のことでしょう。その一方で、サロンは継続的に行っていくものなので、ある程度時間が経つと、どうしてもマンネリ化してしまいます。いくら主催者のファンだからといっても、常に同じような環境が続くと飽きがくることになります。

サロンを上手に運営している主催者は、自身が情報を発信することに加え、定期的にサロンにゲストを招いて、その人に情報を発信してもらうなど、内容にメリハリをつけています。

また上手な運営者は、自身が一方的に情報発信するような状況にならないよう、日常的な運営にも気をつけています。

サロンの参加者の中には、自ら積極的に発言して、議論を盛り上げようという人もいますが、全員がそうではありません。主催者から学びたいという受け身の姿勢の人も多く、自分の意見を持っていない人もいるでしょう。

主催者が何も考えずにサロンを運営してしまうと、主催者が一方的に発言し、ファンである利用者は、ひたすら「勉強になりました」「すばらしいです」といった賛同のコメントだけを繰り返すという状況に陥ってしまいます。

これは確実にサロンのマンネリ化を促進させることになります。こうした事態を防ぐためには、主催者が参加者の反応を常にモニターし、ある時は消極的と思われる参加者にも話を振って、議論を活発化させることが重要です。

サロンというのは大昔から存在しているものですし、学校や会社、地域にはそれぞれコミュニティというものがあります。ネット・サロンだからといって特別なことは何もなく、リアルな社会でコミュニティを運営することと何ら変わりません。

多くの人に気を配って、参加者の意欲を高めることができる人が、優秀なサロンの運営者であり、そうした人は大きな利益を得られることになります。

会社員の立場をフル活用する人も

オンラインサロンとなると、それなりに大がかりな仕組みですが、もう少しコンパクトなやり方で収益を上げる人もいます。はっきりとした名称はありませんが、オフ会やプライベートな講演会といったところになるでしょうか。

ブログなどである程度の知名度のある人なら、一定数の固定ファンが存在しているはずです。ファンの中には、直接、ブロガーに会って話を聞きたいと思っている人も少なくありません。

こうした人たちを対象に、定期的に小さな規模の講演会を自力で開催したり、飲食店などを使って有料のオフ会を開催している人は、かなりの数にのぼります。

近年はシェアリング・エコノミーの発達で、それなりのレベルの会議室を時間単位で簡単に借りることができるようになりました。また、先ほども説明しましたが、わずかな手数料で利用できる課金プラットフォームも揃っています。小規模な講演会やオフ会であれば、現地で会費を現金で徴収しても、大きなトラブルは発生しないことがほとんどでしょう。

ブログを運営し、そこで広告料を稼ぎつつ、定期的に講演会やオフ会をこまめに開催すれば、それなりの金額を稼ぐことができるはずです。不特定多数の人を対象にしたサロンを運営するよりは、確実なビジネスといってよいかもしれません。

サラリーマンとしてはあまり推奨されるべきことではないのかもしれませんが、会社員の立場をうまく利用して、仕事に関するブログを立ち上げたり、サロン運営やオフ会を開催する人も現れています。会社の仕事に関連した副業ですから、実現できればもっとも効率よく稼げる方法の1つといってよいでしょう。

こうした活動について会社が禁止しているケースもありますから、安易な行動は慎んだ方がよいですが、これからの時代は、個人的な知名度が生涯の収入を大きく左右することになります。会社で評価されるということに加え、ネット上でも個人的なファンを増やすという努力は、早いうちから積み重ねた方が有利であることは間違いありません。

そう考えるとサロンの運営というのは、ネットを使っていても、限りなくリアルに近いビジネスだということがお分かりいただけると思います。

こんな人にオススメ！

◎ある程度ファンが付いている。
◎人とのコミュニケーションが好き。
◎特定ジャンルの深い知識やカリスマ性がある。

4 リース／レンタル

労力 ■□□□□

リスク ■■□□□

リターン ■□□□□

難易度 ■■□□□

「シェアリング・エコノミー」とは何か

近年、シェアリング・エコノミーという言葉を耳にする機会が増えていると思います。**シェアリング・エコノミーとは、ネットを使って人やモノ、サービスを多くの人で共有する仕組み**のことを指しますが、もっとも有名なのはタクシーなどを配車するUber（ウーバー）というサービスでしょう。

日本では規制があり、タクシーの配車しかできませんが、諸外国では一般の人が自分の車をタクシー代わりに提供し、乗客からお金をもらうことができます。世の中にあるクルマが一瞬にしてタクシーに変わってしまうのです。

今後は、世の中にあるありとあらゆるものが貸し出され、みんなでシェアできるようになるでしょう。逆にいえば、**一般人であっても、リースやレンタルの対象となるモノを持っていれば、それはビジネスになる**ということです。

リース／レンタルのビジネスでもっとも知られているのは、宿泊仲介サービスを提供するAirbnb（エアビーアンドビー、通称エアビー）に代表される「民泊」でしょう。

「エアビー」を利用して事業にする方法

説明するまでもありませんが、民泊は住宅の空き部屋などを旅行者に有料で貸し出すビジネスです。住宅を貸し出したいオーナーと旅行者を仲介するのが、エアビーなどの民泊事業者ということになります。

エアビーは欧米で拡大してきたサービスで、当初は自分が住んでいる家の空き部屋を旅行者に貸し出すという、いわゆるホームステイの延長としての利用形態が多いという特徴がありました。しかし、エアビーのサービスが有名になるにつれて、投資目的で住居を購入し、これをエアビーに貸し出すという人も増えてきました。

一方、自宅に知らない他人を泊めるという習慣がない日本の場合、自宅の空き部屋を貸し出すという人はあまりいません。エアビーのサービスに登録する人の多くが事業目的ということになるでしょう。

空き部屋を貸し出すのか、投資用に物件を購入し、これをエアビーで貸し出すのかによって、その採算性は大きく変わってきます。

自宅の空き部屋を貸し出すだけであれば、借り手が付けば、その分だけ純粋な利益となりますから、月に1回の利用があるだけでも、お小遣い程度の収入になるでしょう。しかし、事業目的で部屋を用意するということになると、話は単純ではありません。

マンションの1室を投資用に購入した場合、一般的な賃貸住宅として貸し出すというのが標準的なやり方です。不動産投資については後述しますが、ひとたびテナントが付けば、何かトラブルがない限りは、1年から2年間程度は住み続けてくれるので、その間は毎月、家賃収入を得ることができます。

それがエアビーの場合には、いつ宿泊者が来るか分かりませんから、収益は不安定となります。しかも、宿泊者が部屋を出たあとは、部屋の清掃といった作業が必要となるため、程度の違いこそあれ、これで稼ぐにはホテルや旅館を運営するくらいの覚悟が求められます。

こうした作業を自力で行う人もいますが、部屋の汚れは想像以上に起こるので、清掃を自力でやり続けるのはかなり難しいというのが現実でしょう。サラリーマンで時間が自由にならない立場の人なら、なおさらです。一連の作業については代行業者に依頼する人が多く、その分だけコストは増えることになります。

では、なぜこうしたコストをかけてまで民泊用の物件に投資するのかというと、それは収益の単価が高いからです。

東京で月8万~10万円程度の家賃収入が得られる条件の部屋であれば、民泊では1泊6000~8000円程度の宿泊料を取ることが可能です。もし部屋が常に埋まれば、1カ月あたり18万~24万円の収入を狙える計算になります。これだけの収入があれば、部屋の管理にコストをかけても十分に利益が出ます。

しかし、実際にはそうはいきません。日本では民泊に関する厳しい法律があり、最大でも年間180日しか稼働することができないからです。

民泊新法によってビジネスとして成立しなくなった⁉

民泊に対して規制が加えられることになったのは、民泊に対する反発の声があちこちから上がってきたからです。真っ先に反応したのは旅館業界でした。

日本では、顧客からお金を取って宿泊させるには、原則として旅館業法に基づいた許可が必要となります。提供するサービスの形態によって、ホテルや旅館、簡易宿所（カプセルホテルなどが該当する）など形式は変わりますが、いずれにせよ、それなりの設備を整える必要があり、旅館業法に基づいた営業を行うには一定のコストがかかるわけです。

民泊サイトに登録しているホストの多くは旅館業法の許可を取得しておらず、旅館と見なされた場合には無許可営業になります。一般的なホテルや旅館と比べて民泊の値段は安いため、場合によっては既存の旅館やホテルと顧客の奪い合いになってしまいます。旅館業界が民泊に強い警戒感を示したのはこうした理由からです。

一方、マンションの管理組合などからも、民泊に対して懸念する声が出始めました。マンションの1室が民泊に使われることになると、その部屋には入れ替わり立ち替わり、いろいろな人が宿泊することになります。一部のマンションでは騒音などのトラブルが発生し、部屋の持ち主と管理組合との間で訴訟になるケースも出てきました。

こうした状況に歯止めをかけ、民泊の利用について明確なルールを定める目的で作られたのが、住宅宿泊事業法（通称、民泊新法）で、2018年6月から施行されています。

民泊新法の施行によって、これまでグレーゾーンとされてきた民泊が正式に認められましたが、民泊の営業には厳しい規制が課せられることになりました。投資家にとってもっとも影響が大きいのは、年間の営業日数制限でしょう。

民泊新法では、年間の営業日数が最大180日までと定められました。これは上限の日数ですので、自治体によっては営業日数がさらに少ないところもあります。

そうなると、民泊の稼働率は最大でも50％に下がってしまいます。先ほどの例に当てはめた場合、月あたりの収入は9万～12万円になる計算です。

清掃を外注すると、1回あたり数千円の費用がかかりますから、清掃代を1回あたり5000円、利用者がすべて1泊だけの宿泊と仮定した場合には、清掃代だけで月8万円近くかかってしまいます。2泊以上を条件にするなど工夫をすれば清掃代を抑制できますが、今度は稼働率などに影響してきます。

総合的に考えた場合、**民泊新法の施行後については、物件を保有しているのであれば、一般的な長期の賃貸ビジネスを行った方が効率がよい**という結論にならざるをえません。

実際、民泊新法の施行後は、民泊での部屋の提供は伸び悩んでいます。

便利な場所に戸建て住宅を持っていて空き部屋を提供したいと思っている、あるいは、マンションを持っていて運用に困っているといった状況でもない限りは、不労所得の候補として民泊を検討するのはやめた方がよさそうです。

特にゼロの状態から物件を用意して民泊を行うというのは、かなりリスクが高いですから、避けた方が賢明でしょう。

モノの貸し出しは今やお手軽に

では民泊以外に、何かを貸し出すというビジネスはアリなのでしょうか。

まだまだ市場は発展途上ですが、国内でも個人間の貸し借りを仲介するネットサービスが徐々に増えています。

Quotta（クオッタ）というアプリは、個人間でモノの貸し借りができるアプリです。アプリに登録し、貸し出したい商品を出品して、これを借りたい人とマッチングします。商品の例を見ると、一眼レフカメラが1日あたり600円、ルンバが1日あたり300円といったところです。送料は出品者によって異なり、すべて出品者が負担するケースもあれば、利用者が負担するケースもあります。

このサービスは2018年5月にスタートしたばかりで、今後どの程度の規模に成長できるのかは未知数ですが、継続してレンタルされる商品であれば、一定の収益を得られる可能性があるでしょう。

クオッタは商品の分野を限定しないサービスですが、ブランド物に特化したサービスもあります。

LaxusX（ラクサスX）は自分が使いたいバッグを借りられるサービスです。このサービスには、バッグの所有者がバッグを貸し出せる機能もあります。サービスに申し込み、ブランド名やサイズなど必要事項を入力すると、送付用のボックスが送られてくるので、ここに商品を入れて事業者に返送します。査定などを経て問題がなければ、貸し出しがスタートします。

ラクサスの場合、借り主は月額固定料金で借りるシステムで、いつでも好きなバッグにチェンジでき、貸し主にはレンタルされた日数分の金額が払い込まれることになります。

人気の洋服やバッグをレンタルできれば、それなりの収入になる可能性はありますが、こうした商品は借り主が丁寧に扱っても、どうしても劣化が進みます。投資対象として見た場合には微妙なところでしょうか。ラクサスでは、一部の商品について年間の収入見通しを例として提示していますが、年間2万5000円程度の収入が見込める商品でも、実際に購入する場合には20万~50万円するものも少なくありません。ここから投資として利益を得ることは難しいと思われます。

あくまで**自分がすでに商品を持っていて、保管の場所や手間などを考えると、貸し出しによって収益を得た方が得という感覚で利用する**のがよさそうです。

クルマのような大型レンタルも可能

さらに大型の商品では、クルマの貸し借りもあります。

Anyca(エニカ)は、ディー・エヌ・エーが提供しているクルマの貸し借り仲介サービスです。

クルマを貸したいオーナーは、自身のプロフィールやクルマの写真、装備、受け渡しの時間帯など、各種情報を登録して、借りたい人からのリクエストを待ちます。リ

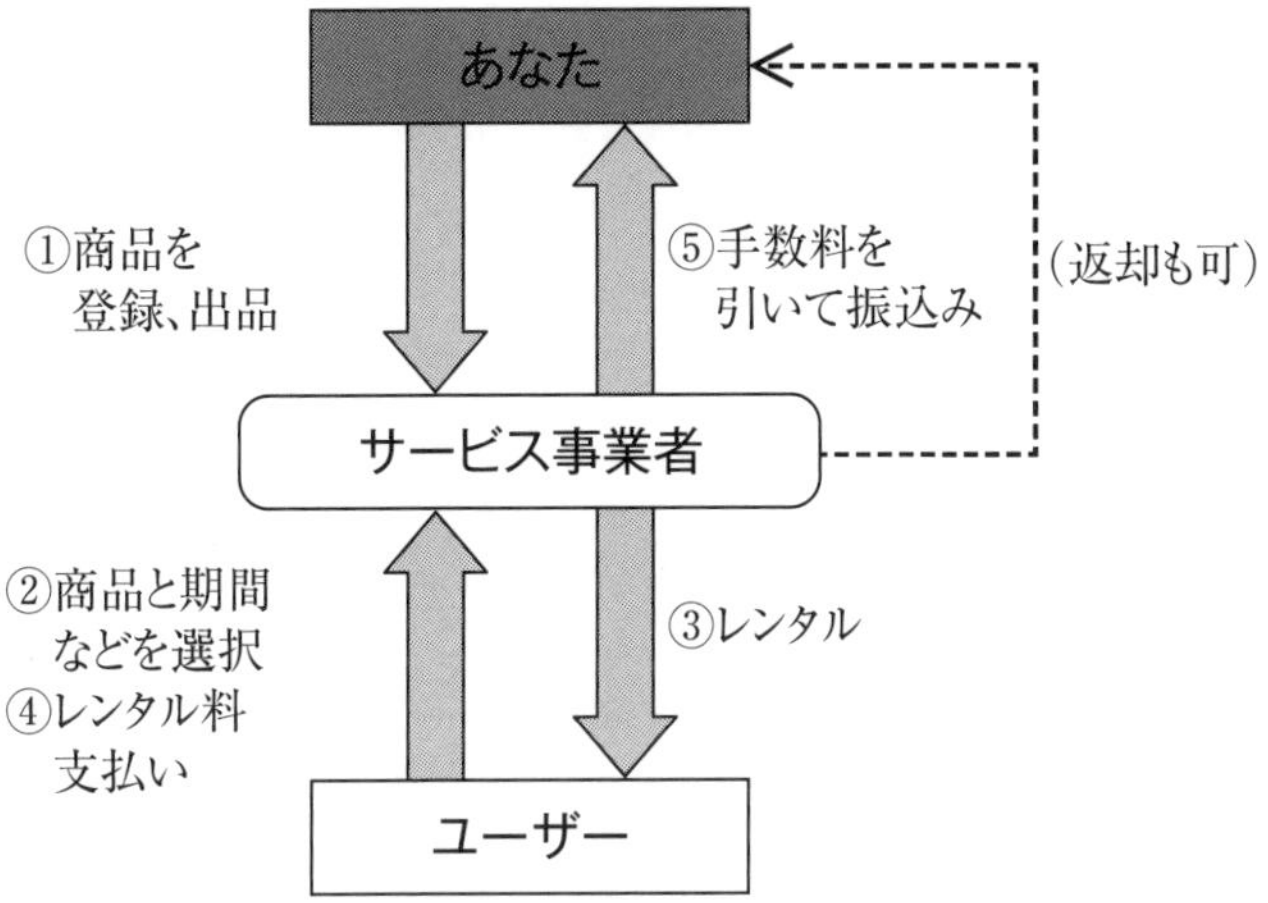

課金制レンタルの例

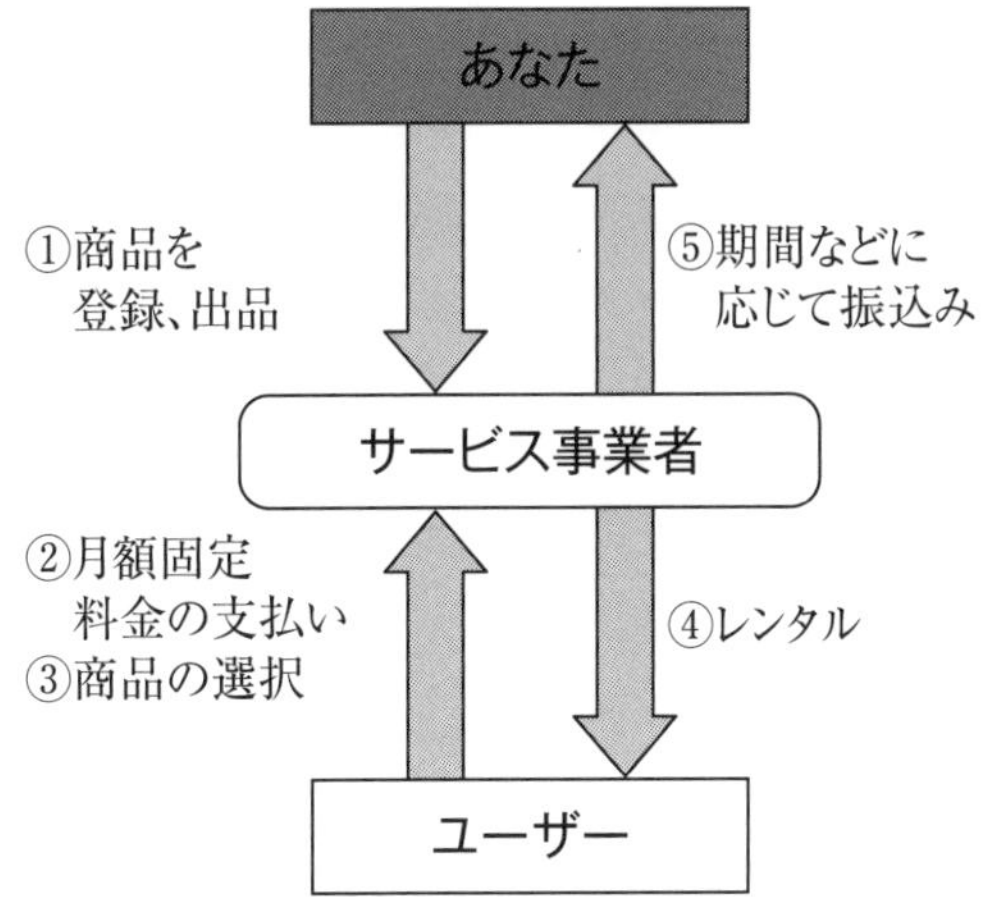

定額制レンタルの例

クエストを受け取ったら承認し、受け渡し場所でクルマを渡します。

レンタル料金はクレジットカードで決済され、エニカは手数料として10%を徴収します。受け渡しなどの作業はすべて自分で行う必要があるため、事業者にお任せというわけにはいきませんが、クルマを貸した分だけ収益を得ることができます。

最大の懸念材料は事故などのトラブルですが、最終的には当事者間の解決になるものの、利用者は必ず保険に加入することになっているので、事故の場合はここから費用を捻出《ねんしゅつ》できます。また、保険適用にならないキズなどの場合に備えて、認定工場を用意することでトラブルを最小限にする工夫もされているようです。

双方にクルマの知識があるとスムーズですが、もし利用者層が広がってくると、場合によってはトラブルが発生する確率も高くなるかもしれません。

今のところレンタル料は、新車の価格が数百万円のものでも1日あたり1万円程度ですから、かなりの頻度で貸し出さないと、ビジネスとしては成立しにくいでしょう。他の商品と同様、もともとクルマを持っている人が、乗らない時間を有効活用するといった使い方がよさそうです。

整理すると、モノのレンタルサービスは、それ自体で大きく儲けようとせず、自分が所有しているモノの範囲で行えば、非常に効率のよい不労所得になるといえるでしょう。

こんな人にオススメ！

◎もともと需要の高いモノを持っている。
◎気軽に何か始めてみたい。
◎リスクが少ないなら、リターンが少額でも構わない。

2章◉……

〃投資〃による不労所得

ギャンブル
株式／ＦＸ
不動産

1 ギャンブル

ギャンブルの定義は意外と難しい

日本では原則として賭け事は禁止されていますが、それはあくまでもタテマエに過ぎません。公的な財源確保を目的に公営ギャンブルが大規模に運営されているほか、民営のパチンコも実質的にはギャンブルとして機能しています。

ここまで一般的に国民にギャンブルを開放している先進国は他になく、日本は世界でも屈指のギャンブル大国といってよいでしょう。

読者のみなさんの中には、ギャンブルを家計の足しにしたいと考えている人がいるかもしれませんが、そもそもギャンブルで稼ぐことはできるのでしょうか。また、ギャンブルと投機的な投資はよく同一視されますが、ギャンブルと投資はどう違うのでしょうか。

ギャンブルとは何かと問われた時、多くの人は漠然としたイメージならすぐに思い浮かぶと思います。しかし、何がギャンブルで何がギャンブルではないのかという厳密な話になると、案外答えに窮《きゅう》するのではないでしょうか。

ギャンブルとはお金を賭けて勝ち負けを決め、勝者が一定割合のお金を受け取れるシステムのことを指します。もう少し細かくいえば、賭けの参加者が賭けたお金の総額から、賭け事の主催者（これを胴元と呼びます）の利益（テラ銭）を差し引いた金額が勝者に分配されます。

公営ギャンブルの代表である競馬の場合、胴元であるJRA（日本中央競馬会）の取り分は25％ですから、75％が勝者に配分されています。

常に胴元が一定割合の利益を差し引きますから、参加者全体の収支は確実にマイナスとなります。こうしたゲームを経済学的に説明すると、利益よりも損失が大きい

「マイナスサム」ということになります。

全体の収支が常にマイナスということになると、賭け事で利益を得るためには、残りの利益を他の参加者と奪い合い、そこで勝たなければいけません。

丁半バクチのような賭け事では、イカサマがない限り、勝率はほぼ2分の1となりますので、継続して他人を出し抜くことは極めて難しくなります。したがって、丁半バクチで勝ち続けることは理論的に不可能と考えてよいでしょう。

パチプロはギャンブラーではない!?

一方、競馬の場合には、勝つ馬を予想する能力が高ければ、他人を出し抜ける可能性がありますから、確率に依存しないように思えます。

しかしながら競馬の場合にはオッズというものがあり、強い馬の配当は低く、弱い馬の配当は高くなりますから、誰もが勝てると予測できるような馬を選択すると収支が悪くなり、収支を改善しようと弱い馬に賭けると、今度は負ける確率が上がってし

ギャンブル	還元率	法律	課税
競輪	75.00%	自転車競技法	あり
競艇	74.80%	モーターボート競走法	あり
オートレース	74.80%	小型自動車競走法	あり
競馬	74.10%	競馬法	あり
サッカーくじ(toto)	49.60%	スポーツ振興投票の実施等に関する法律	なし
宝くじ	45.70%	当せん金付証票法	なし
パチンコ	85% 程度（店による）	風俗営業等の規制及び業務の適正化等に関する法律	あり
参考	還元率	法律	課税
ルーレット	98% 程度	日本では禁止（2019 年 7 月現在）	ー
ブラックジャック	96 ～ 102%程度	日本では禁止（2019 年 7 月現在）	ー

ギャンブルの還元率（総務省のデータなどを基に作成）

まいます。

一連の状況を総合すると、競馬の場合にも、結果は確率的なものとなり、継続的に利益を上げることはやはり困難という結論にならざるをえません。

整理すると、**ギャンブルというのは、胴元の利益を差し引いた収益を勝負で奪い合うゲームであり、これに加えて、勝負が偶然性によって決まる傾向が強いもの**、と定義することができるでしょう。

胴元がどの程度の利益を差し引くのかによって全体的な収支が決まりますから、この割合が何%なのかで有利不利が決まります。

先ほど例に挙げた競馬は約25％ですが、パチンコはもう少し低く15％程度となっています。宝くじも一種の賭け事ですが、日本の宝くじの中には50％を主催者が取ってしまうものもあります。日本の宝くじは諸外国と比較しても主催者の利益が高すぎて、なぜこのようなゲームが社会に受け入れられているのか、外国人が不思議がるくらいのレベルです。

ギャンブルの場合、不労所得かどうかという以前の問題として、そもそも継続的に利益を上げることがほぼ不可能というゲームです。**お金を稼ぐという目的でギャンブルをする合理的な理由はゼロ**といってよいでしょう。厳しいようですが、ギャンブルの不労所得レベルもゼロということになります。

パチンコで生計を立てる、いわゆるパチプロと呼ばれる人たちもいますが、これも厳密にはギャンブルとはいえない面があります。

最近は規制が厳しく、パチンコ店（ホールと呼ばれる）が、玉の出方を露骨に調整するケースは減っていると言われていますが、かつてはかなり恣意《しい》的に出玉が調整されていました。

パチプロの人たちは、ホールの経営戦略を先回りして、玉が出やすい台をうまく探し出すことで、継続的に利益を上げていました。これはホールと客の間で行われる一種の駆け引きですから、純粋なギャンブルとは少し性質が異なります。

また、ベテランのパチプロであっても、負ける時は負けますから、手元にかなりの運転資金がないと継続して打ち続けることができません。それなりの資金量と経験、時間が必要ですから、これは限りなくビジネスに近いものと思ってよいでしょう。

投機は限りなくギャンブルに近くなる

一方でギャンブルとは異なるものの、投機的な投資はよくギャンブルにたとえられます。ある投資がギャンブル的なのかどうかは、先ほどのギャンブルの定義に当てはめて考えればよいということになるでしょう。

たとえば株式投資の場合、売買には手数料がかかりますが、これはごくわずかな金額ですので、全体の収支にはほとんど影響しません。したがって株式投資は、胴元が大きな利益を得ているギャンブルの定義には当てはまりません。

これに加えて株式投資の場合には、経済が成長して、株式を発行している会社の多くが増益となり、すべての株が上昇するということが十分にありえます。参加者全員が利益を得ることが、理屈上は可能ですから、誰かの利益を誰かが奪うという図式になるとは限りません。

しかしながら、すべての投資がギャンブルとは違うと言い切ることもできません。投資期間を短くすればするほど、誰かの富を誰かから奪うという図式が鮮明になります。先ほどギャンブルについて、参加者全体の収支が常にマイナスになるゲームなので「マイナスサム」になると説明しましたが、マイナスにはならないまでも、参加者全員の利益や損失を足し合わせると常に収支がゼロとなるゲームのことを、「ゼロサム・ゲーム」と呼びます。

短期的で投機的な投資というのは、マイナスサムにこそなりませんが、勝った人の利益は負けた人の損失とほぼイコールですから、限りなくゼロサム・ゲームに近づいてきます。おまけに短期的な投資の場合、株価の上下は偶然性に左右されやすくなりますので、この点においてもギャンブル的です（株価の偶然性については後述します）。
つまり、**短期的な株式のトレードは、長期的な投資に比べてギャンブルに近い**存在と考えることができます。この傾向がさらに顕著となるのが、外国為替証拠金取引（FX）やビットコインなど通貨に関する取引です。

通貨の場合、発行されている総量があらかじめ決まっていますから、市場参加者全員の利益や損失を足し合わせると、ちょうどゼロになります。FXやビットコインの手数料は、ギャンブルの胴元の利益と比べればかなり安いですが、ゲームそのものがゼロサム・ゲームとなっており、この点において株式投資とは大きく異なります。

さらに短期的な取引になると、偶然性に左右される確率が高いですから、FXや仮想通貨の短期取引は、かなりギャンブルに近くなっていくと考えてよいでしょう。

少々理屈っぽくなりましたが、ここまで細かい定義を覚えていなくても、世間一般においてギャンブル性が高いと思われている投資対象は、実際にそうである可能性が高いといってよさそうです。投資すること自体にはそれほど手間はかかりませんから、不労所得レベルが高い収益源ですが、投機的な投資はあまりお勧めできません。

2

株式／FX

労力
■■□□□

リスク
■■■□□

リターン
■■■□□

難易度
■■□□□

優雅に見えても努力しているトレーダーたち

株式市場が好調に推移すると、必ず世間で話題になるのが、投資で生計を立てるトレーダーの存在です。

メディアなどに登場するトレーダーの生活は優雅です。

市場が開いているのは日本の場合、午前9時から午後3時までですから、仕事はその時間内に確実に終了します。あとの時間は自由気ままに過ごすことができるので、自分の好きなことに打ち込めます。

1章で取り上げたブロガーやサロンの運営者は、ある種の不労所得者ではありますが、日常的な運営に手間暇がかかることは多くの人が認識しており、完全な不労所得にはならないと感じていると思います。

しかし投資であれば、働くという感覚はありませんし、サラリーマンが会社勤めをしながらでも実現できそうなイメージがあります。では実際のところ、どうなのでしょうか。

投資には大きく分けて、長期的なスタンスで取り組む方法と、短期的なスタンスで取り組む方法の2種類があります。

長期と短期に厳密な定義はありませんが、一般的に長期投資というのは数年単位、短期投資というのは1カ月以内と考えればよいでしょう。短期投資の中には、1日のうちに何回も売買を繰り返すという手法も含まれています(デイトレーディングと呼ばれます)。

筆者は株式投資に関する著作もいくつか執筆していますし、実際に自分でも日常的に億単位の金額で株式投資をしています。筆者が得意とする投資スタイルは長期投資で、短期的に高い収益を上げるものではありませんが、株式投資という点ではそれほど大きな違いはないでしょう。

そんな筆者の個人的な経験や、投資の世界における一般常識としてほぼ断言できますが、特に短期のトレーダーについては、不労所得者とはおよそ正反対の場所にいます。投資で勝てるようになるためには相当な努力が必要ですし、投資をしていない時間はすべて調査や分析に充てるくらいの覚悟がないとうまくいきません。

一方で長期投資の場合、あまり手間はかからないので副業として取り組むこともできますが、利益が限定されるので、豊富な資金量がないと大きな収益にはなりにくいという欠点があります。

投資金額が億単位以上になれば、リスクを抑えたうえで、一定の収益を投資から得るというやり方も選択できますが、これは本書の3章で取り上げる「億り人（投資によって、億以上の資産を築いた人）」の分野にカテゴライズされる話です。

短期的な市場の動きは限りなくランダムに近い

多くの人がイメージしているトレーダーは、それほど大きな額ではない資金を短期的なトレードで運用して、一定の収益を得るというスタイルだと思います。つまり短期的な相場の上下で利益を得るスタイルということになるでしょう。

世の中では一般的に短期投資と長期投資を比較して、短期投資は危険で長期投資は安全という漠然としたイメージがあるようですが、すべての投資にリスクが存在しているので、短期だと危険で長期だと安全という話ではありません。

しかし、短期投資には長期投資にはない特徴があるのも事実です。

投資をする以上、誰もが儲けたいと思っていますから、大昔から相場で勝つための理論というものが研究されてきました。近年は金融工学が発達してきたことで、より科学的に市場のメカニズムを解明しようという動きも盛んです。

現代金融工学における重要な理論の1つとされているのが、効率的市場仮説です。

これは市場というものは常に合理的であり、利用可能な情報をすべて反映して価格が形成されるという理論（仮説）です。

自分だけが特別な情報を持っているということはありえず、そうした情報は瞬時に市場で共有化されるので、効率的市場仮説に基づけば、他人を出し抜くのは原理的に不可能であるとの結論になります。この仮説に沿って考えると、株価を予測することはもちろん、成長株や割安株を見つけて大きな儲けを得るということも不可能になります。

この話はあくまで究極的な市場を想定したものであり、現実の市場はここまで完璧ではありません。したがって、多くの投資家が市場の歪みをうまく利用して、自分だけが大きな利益を得られるよう努力しているわけです。

ただ、この理論が発表されて以降、実際の市場がどのような値動きになっているのかについて、何度も調査や研究が重ねられ、一連の研究を通じて、短期的な値動きは限りなく効率的市場仮説に近いということが分かってきました。

つまり**短期的に見れば、株価の動きは限りなくランダムになっている**ことが、科学的にほぼ証明されたのです（強調しますが、あくまで短期の場合です）。

株価の動きがランダムに近いということであれば、株価を予想することは極めて困難になります。あえていうなら、ギャンブルに近いゲームということになるでしょう。こうした市場で、何も考えずに売買を繰り返しているだけでは、継続的に利益を上げることはほぼ不可能です。

こうなると、短期投資は長期投資に比べて難しいという結論にならざるをえません。長期投資は短期投資と比較すれば難易度は低いですが、長期投資で十分な収益を得るためには大きな原資が必要となります。

資金が乏しくても高い収益を望む人は、信用取引（借入金を用いて投資すること）を使って短期投資を行うなど、過剰にリスクの高い投資をする結果となり、一気に資産を失う危険と隣り合わせになってしまいます。一連の状況を総合して、短期投資は危ないというイメージが出来上がったものと思われます。

相場がよい時に限定することで勝率を上げる

では短期的なトレードでは収益を上げることができないのかというと、そうではありません。ごくわずかではありますが、そうした投資を実現している個人投資家は存在していますし、ある程度の経験則も確立しています。

もっとも重要なのは向き不向きです。

これはあらゆる投資スタイルに共通する話かもしれませんが、**それぞれの投資スタイルには向き不向きというものが明確に存在します。**もちろんある程度までは努力でカバーできるにしても、短期投資に不向きな人は、あまり上手に投資できません。向き不向きは少し試してみればすぐに分かります。

金額を限定したうえで、お試しで投資をしてみて、しっくりこないようなら短期投資で稼ぐことは諦めた方がよいでしょう。ある程度いけそうだという感触を持てた人でも、以下の経験則に沿って投資をすることが重要です。

最初の経験則は「相場がよい時だけに取引を限定する」というものです。

メディアでは、株式投資などで資産1億円以上を築いた人がよく紹介されますが、こうした億り人が集中して現れるのは、ほとんどが相場が好調な時です。

ここ20年を見ても、億り人がたくさん登場したのは、２００３年から２００７年までの期間と、２０１３年から２０１７年までの期間に集中しています。詳しく説明するまでもなく、２００３年から２００７年までは小泉政権による構造改革相場、２０１３年から２０１７年まではアベノミクス相場で、株価が急上昇していました。

短期投資は株価の短期的な上下で利益を出す取引ですから、長期的な相場動向は収益にあまり関係しないと考える人も多いのですが、そんなことはありません。短期的なトレーディングであっても、相場全体が伸びている時の方が圧倒的に有利です。多くの人が「買い」で利益を出すわけですから、当然といえば当然の結果といってよいでしょう。

これに加えて、相場が伸びていると市場の参加者も増え、流動性も増しますから、買いたい時に買いたい値段で買うことができ、逆に売りたい時には売りたい値段で売ることができます。これは短期的な投資家にとってはとても大事なことです。

極論をいえば、短期的な投資家であっても、相場が冷え込んでいる時には投資を控えることが重要です。それまでに蓄積した利益を温存して、次の相場に備える必要があります。この間は利益が得られませんから、じっと我慢して次に備えるという胆力が必要となるでしょう。

値上がりの「幅」ではなく「期間」が重要

2つ目の経験則は**「日柄と値幅を理解する」**ことです。

上昇していた株価が一時的に下落することを「調整」と呼びますが、調整には2つの種類があります。1つは「日柄調整」、もう1つは「値幅調整」です。

「日柄」とは、株価が下落してから、時間がどのくらい経過したのかということを意味しています。これに対して「値幅」は、価格がどのくらい下がったのかという意味になります。

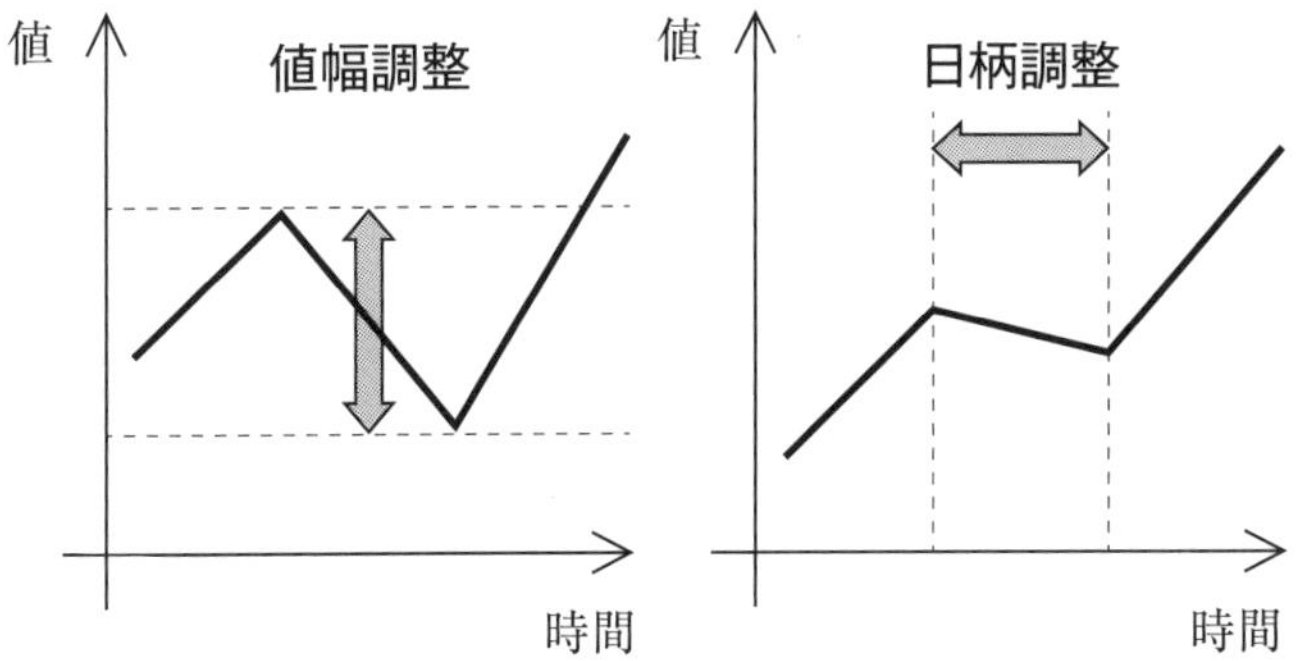

「日柄調整」と「値幅調整」

どちらも重要な概念ですが、**特に気を配る必要があるのは、値幅ではなく日柄の方**です。多くの人は株価にばかり気を取られて、時間についてあまり考慮に入れません。その結果、大きな損失を抱えてしまいます。

一般的に株価の下落が落ち着き、反転するまでには、一定の「時間」が必要となります。時間が短い場合には、いくら値下がり幅が大きくても、株価はさらに下がる可能性が高いのです。

短期的な売買で利益を上げる投資家にとって、株価が大きく下落した時は、買いを入れるチャンスです。しかし日柄を理解していないと、とんでもないことになってしまいます。

もう十分下がったと思って買いを入れると、そこから株価はさらに下落し、焦った投資家は、そこで損切り（さらなる損失を避けるため、損を承知で売りを出すこと）をしてしまいます。たいていの場合、損切りしたあたりから株価は上昇を開始し、大きな機会損失まで抱えるという結果になってしまいかねません。

このような時は、価格ではなく、下落が始まってからの日数に着目した方が、底入れのタイミングなどを把握しやすくなります。たとえば、下落が始まってから3日が経過して、まだ下がっているとすると、反転する可能性の高いタイミングはさらに5日後といった具合に、後ろにズレ込んでいくのが普通です。

日柄の分析でよく用いられるのが、フィボナッチ級数です。詳細は割愛しますが、1、2、3、5、8、13、21と数が増えていく級数で、相場反転の時間予想によく用いられます。感覚的には、株価の調整が長引いたら、上向くにはさらに時間がかかると考えればよいでしょう。

この話は上昇相場にも適用できます。相場の上昇がある程度続いた場合、すぐに下落に転じることはなく、さらに長期にわたって上昇が続く傾向が強いということを忘れてはなりません。多くの人が「バブルだ！」などと批判しているタイミングでは、まだまだ株価は上がります。本当に株価が下がるのは、みなが上昇を疑わなくなった時です。

一方、**値幅について考える場合には、金額ではなく割合（パーセンテージ）で考えることが重要**です。

２０１８年の12月25日、米国株の下落を受けて、日経平均株価が１０００円以上下落するという出来事がありました。市場では１０００円超の下落という言葉が独り歩きして、一部の投資家は狼狽《ろうばい》して株を売ってしまったようです。

しかしながら、下落幅について絶対値で議論してもあまり意味はありません。

２０１９年６月現在、日経平均株価は２万円前後ですが、日経平均が２万円の時の１０００円は５％です。量的緩和策がスタートした２０１３年の日経平均株価は１万円でしたから、同じ５％の下落ということになると絶対値では５００円です。

つまり、その時の株価水準によって、絶対値が持つ意味は変わってくるため、原則として値幅について議論する際には、割合を使った方がよいということがお分かりいただけると思います。値幅についても、パーセンテージで理解すれば、反転のタイミングをつかむヒントになります。

「ビットコイン」であっても理屈は同じ

値幅についてよく知られている相場格言に、「半値八掛け二割引」というものがあります。これは株価がピークから下落に転じた時、どのくらいまで下がるものなのか、ゴロ合わせ的に語られるものです（もともとは商売における値引きの目安と言われています）。

株価が半額になって、そこから8掛けになり、さらに2割引ということですから、最終的に株価は、0・5×0・8×0・8＝0・32になります。つまり3分の1になるまでは、買いを入れてはいけないという意味です。言い替えれば、半分程度の下落では、まだまだ警戒が必要ということにもなるでしょう。

この格言に科学的根拠はありませんが、ある程度の法則性は見いだすことができます。しかもこの経験則は投資対象を問いません。

2017年の年末から2018年の年初にかけて、仮想通貨であるビットコインの価格が暴落しました。ビットコインは株式投資と異なり、極めて投機性の高い商品ですが、それでも人が投資しているのは同じですから、値動きに本質的な違いは生じません。

2017年12月に220万円を突破していたビットコイン価格は、そこから急激に下落し、最終的には2018年2月の初旬に70万円前後まで値下がりしたところで反転しました。220万円の3分の1は約70万円ですから、おおよそ合っていることになります。

世間では「前例のない暴落」などと大騒ぎでしたが、投資の経験が豊富な人なら、特に驚くような話ではなく、底入れもある程度は予想できたはずです。

最終的に株価は、値幅と日柄の両方が十分に消化されて初めて反転することができます。値段が十分に下がっても、日数が経過していない状態の場合、さらに下落する可能性が高いでしょう。一方、値段があまり下がっていなくても、日数が十分に経過しているのであれば、それで調整は終わりになる可能性もあるわけです。

基本的に日柄が足りない場合には、同じ方向性が継続し、日柄を十分に確保している場合には逆方向になる可能性が高いと考えてよいでしょう。つまり、**日柄と値幅の両方が株価に影響を与えますが、日柄の方がより強い影響を与えている**ということになります。

「最後に参入する人」になってはいけない

3つ目の経験則は、**「できるだけ早く参戦する」**という話です。

この話は2つ目の経験則と密接に関係しているのですが、株価は通常、金額ではなく割合で上昇します。

たとえば、1000円だった株価が上昇して1500円になったと仮定しましょう。この時値上がりした金額は500円ということになります。では、1500円になった株価がもう一段上昇した場合、同じ500円の上昇で2000円になるのかというと、そうではありません。

1000円から1500円の上昇は50％の上昇なので、次も同じように50％上昇する可能性が高いのです。1500円の50％ということは、2250円と計算されます。つまり、株価は上昇すればするほど、絶対値としてさらに値上がりが加速していくのです。

これは何を意味しているのかというと、早い段階から投資に参加した人が、圧倒的に有利なゲームになるということです。

上昇する相場に早い段階から参戦できた人は、最終的には何倍、何十倍に資産を増やせる可能性がありますが、株価が上がってしまってから参戦した人は、その後さらに相場が長期に継続しない限り、大きな利益は得られません。

しかも、相場の期間が長くなるにつれて、参戦する投資家の顔ぶれも変わってきます。株価が反転し、上昇相場がスタートした直後は、多くの人がその事実に気付いていません。

このタイミングで市場に参入してくるのは、たいていが変化に敏感な個人投資家で、彼らはかなりの確率で利益を上げることができます。その後、相場に参戦してくるのが、ヘッジファンドなど、機動的な機関投資家です。プロの投資家の取引のボリュームが厚くなると、いよいよ一般的な機関投資家が加わってきます。

そして、最後の最後に投資をスタートするのが、これまで株式投資に否定的だった個人投資家です。彼らが参戦してくる頃には、1つの相場は終了し、株価は下落に向かいますから、初期段階で投資を開始した投資家は、その前に売りに転じて利益を確保します。

初期段階から投資を決断することにはリスクがともないますが、こうしたリスクを取ったからこそ、その投資家は大きなリターンを得ることができます。逆にいえば、**投資において、最後に参戦する人にだけはなってはいけない**ということがお分かりいただけると思います。

これまで説明してきた「相場がよい時だけに取引を限定する」「日柄と値幅を理解する」「できるだけ早く参戦する」という3つの経験則を忠実に守っていれば、投資で成功する確率はグッと上昇するはずです。

FXは極めてギャンブル性が高い

これまで主に株式投資について取り上げてきましたが、中にはFXに取り組んでみたいという人もいると思います。短期的な投資という意味では同じですから、基本的な考え方は株式投資とそれほど大きな違いがあるわけではありません。しかし、FXの場合には株式投資にはないリスクもありますから、さらに注意が必要です。

個人的には、投資の初心者はFXには投資をしない方がよいと考えています。

為替取引は、一見すると円安になるか円高になるかの2つに1つなので、単純なゲームに思えるかもしれません。しかし、為替の値動きを決定する要因は無数に存在しており、何で為替が決まるのかについて、結論付けるのは簡単ではありません。

長期的に見た場合には、為替は2国間の物価水準との相関性が高いことが知られています。ドル円を例に取れば、ニクソンショック以来、40年間にわたってドル円は購買力平価（2国通貨の購買力の比率）による為替レートと高い相関性を示してきました。

しかし先ほど解説したように、短期的には為替市場も極めてランダムに近い動きをするので、為替の短期的な方向性を予測するのは、プロでもかなり難しいというのが現実です。


さらに為替の場合、株式投資とは根本的に異なる要素があります。

株式は相場全体が上昇すれば、全員が利益を得るということも可能となります。つまり利益の幅には差は出るものの、負けた人がいないという状況を実現することができます。

しかし、為替にはそうした性質はありません。

たとえば、ある投資家が円を売ったとすると、同じ金額だけ円を買った（つまりドルを売った）投資家が存在します。その後、円が下落すれば、円を買った投資家はその分だけ確実に損をすることになります。つまり、為替取引の場合には、儲かった投資家がいれば、同じ金額だけ損をした投資家が必ず存在しているのです。

つまり**為替の場合には、全員が何らかの形で儲かったという結果にはならず、必ず**

誰かを出し抜かなければ利益を得られない仕組みになっているのです。

これは先ほど解説したゼロサム・ゲームに近い状況であり、限りなくギャンブル性が高いという結論になります。為替の短期的なトレードで継続的に利益を上げることは非常に難しいと考えた方がよいでしょう。

総合的に考えた場合、ＦＸはもちろんのこと、株式投資であっても、短期的なトレードは不労所得には向いていません。

あえていうなら、一定期間、短期投資でそれなりの金額を稼ぎ、その資金を長期投資や不動産など、別の投資対象に振り向けるというのはアリだと思います。しかし、最初にも説明したように短期売買は得意不得意がはっきりしていますし、何より投資をしている間の精神的な負担が極めて重いという特徴があります。

筆者は基本的に長期投資を主軸に資産運用を行っていますが、信用取引を使った短期投資やオプション取引などについても、一通りの経験があります。筆者の場合、こうした緊張度の高い取引を、長い期間継続するのは無理でした。

信用取引の場合、「買い」ではなく「売り」から入ること（いわゆる空売り）もできますが、空売りの場合、予想に反して株価が上昇してしまった場合、自身が抱える損失は、理論上は無限大となります（株価に理論的な上限がないというのがその理由です）。株価の下落を予想して空売りしたにもかかわらず、逆に株価が上昇して損失を抱えることを、俗に「踏み上げ」などと言いますが、「踏まれた」時の恐怖感は言葉では言い表せません。

筆者は起業の経験もあり、胆力は備わっている自負はありますが、それでも短期投資の精神的負担は極めて大きいものでした。よほどタフな人でなければ、平常心を貫くことは難しいでしょう。

「長期投資」は現実的に稼ぐ有力な選択肢

結局のところ、短期的な投資は割に合わないことが多いですから、どうしても短期取引をしたいという人以外は、積極的には取り組まない方がよいでしょう。

投資に興味があるという人に対しては、筆者と同じく長期的なスタンスでの投資をお勧めします。

長期で投資する際に重要なのは、投資で得られた資金は必ず再投資し、複利のメリットを享受できるようにすることです。複利のメリットを生かせば、時間が経過するほど資産拡大に弾みがつくことになります。

公的年金の財政が厳しくなっていることから、政府も長期的な投資を推奨するようになっており、「つみたてNISA（積み立てNISA）」や「iDeCo（イデコ）」といった新しい制度を構築しています。投資のことがよく分からないという人は、こうした制度を利用してみるのも1つの方法でしょう。

積み立てNISAやiDeCoは、毎月一定額を自動的に投資して積み立てていくという制度です。投資家のスタンスに合わせて複数の商品が用意されており、その中から気に入った商品を選ぶことで、あとは自動的に投資が継続される仕組みです。

こうした投資を推奨するため、積み立てNISAやiDeCoには、政府による税制面での優遇措置が設定されています。

どちらも運用益については非課税となっており、iDeCoの場合には、投資した金額も所得税や住民税から控除されます。税金大国である日本の現状を考えると、これはかなり破格の制度といってよいでしょう。

つみたてNISAは、投資期間が20年と短めの設定となっており、その間にいつでも資金を引き出すことができます。一方、iDeCoは60歳になるまで原則として資金の引き出しはできません。

どちらがよいのかは投資の目的によって変わってくると思います。

完全に年金の補完にしたいという人は、iDeCoを選択した方がよいでしょう。投資した資金について、一括でもらうこともできますし、分割で受け取ることも可能です。一方、つみたてNISAは、もう少し短いタームで資産を作りたいという人に最適な制度ということになります。

投資にはリスクが付きものですが、長期で取り組めば、仮にリーマンショックのような出来事があっても、その後の回復で損失を取り戻せる確率も高まります。少なくとも20年くらいのタームで、腰を据えて取り組むことが重要です。

こんな人にオススメ！

◎ハイリスクに耐える胆力がある（短期）。

◎堅実で、長いスパンで投資を考えられる（長期）。

◎政治や経済の情勢に関心がある。

3

不動産

労力
■■□□□

リスク
■■■■■

リターン
■■■■■

難易度
■■■■□

お金持ちほど有利であるという事実

不労所得を実現する手段として、多くの人がイメージするのは、やはり不動産投資ではないかと思います。

ここ10年、アパートやマンションなどを1棟丸ごと購入して家賃収入を得るという、いわゆる「大家さんビジネス」がちょっとしたブームとなりました。不動産投資に関するセミナーは今もあちこちで開催されていますし、ネットにも関連コンテンツが溢れています。サラリーマンをしながら不動産投資をするだけでなく、投資専業に転じた人も少なくありません。

不動産投資は不労所得の代名詞のようになっていますが、だからといって買ったあとは何もしなくてもよいというわけにはいきません。それでも、他のビジネスと比較して、大きな手間がかからないというのも事実です。

不動産投資について最初に理解しておくべきなのは、**不動産投資というのは、すでに多額の資産を持っている人に有利**なゲームであるという事実です。

日本でもっとも規模の大きい大家さんの1つに、三菱地所という会社があります。三菱地所は明治維新直後、何もなかった現在の丸の内（東京駅前）の開発を行い、ここを基盤に大規模デベロッパーとして成長してきました。日本でもっとも価値の高いエリアの土地を最初から保有しているわけですから、よほどのことがない限り、不動産の運用で失敗することはありません。

三菱地所はもっとも極端な例ですが、全国各地でアパートやマンションを経営している人の大半は、親からその土地を引き継いだ人です。土地を最初から保有しているので、銀行から借金をするにしても、建物の分だけで済みます。安定的に不動産物件の運用ができるのは、ある意味で当然といってよいでしょう。

これに加えて、事業や株式投資など別の手段で大きな資産を築いた人が、安定的に資産を運用することを目的に、不動産投資の世界に入ってくるというケースもかなり目立ちます。こうした投資家は、借り入れをせずに自己資金で投資をしますから、意思決定が早いという特徴があります。また、投資する目的は家賃収入や値上がり益ではなく資産の保全ですから、価値が維持される物件であれば、多少価格が高くても投資を決めてしまいます。東京都港区などにある高級物件の価格が異常に値上がりするのは、こうした取得価格を顧《かえり》みない投資家が多数存在しているからです。

少ない元手で不動産投資に参入する投資家は、こうした恵まれた環境にある投資家との競争に打ち勝って、優良な物件を取得しなければなりません。確かに資産が一定規模を上回れば、不労所得に近い状況を実現することは可能ですが、難易度は極めて高いと思った方がよいでしょう。

「家賃収入」と「収益」を混同してはいけない

この項では、資金があまりない状態で、銀行からの借り入れを行って物件を取得するやり方を中心に、不動産投資の基本について解説したいと思います。

メディアなどではよく、「不動産投資で家賃収入年間5000万円を実現」といったタイトルを目にします。ここで注意する必要があるのは、**家賃収入と利益は違う**ということです。

もし、借り入れを行わず、手元資金だけで不動産を購入した場合には、不動産の価値が下がらない限り、家賃収入を利益と捉えても間違いではないかもしれません。

しかし実際には、不動産の価値は下がることがありますし、何よりほとんどの投資家は銀行などから資金を借り入れて物件を購入します。

したがって、得られた家賃収入から、必要経費や銀行への返済分、そして物件の劣化分などを差し引かなければ、本当の利益は分かりません。

もう少し具体的に説明してみましょう。

1億円の資金を銀行から借り入れ、これでアパート1棟を購入したと仮定します。たいていの場合、現実に1億円の資金を借り入れるためには、２０００万～３０００万円程度の自己資金を用意する必要がありますが、ここでは全額を銀行から借り入れたと仮定します（いわゆるフルローン）。銀行のローンが20年であれば、金利は無視すると、毎年５００万円ずつ銀行に返済しなければなりません。

アパートは12室あり、毎月の家賃は5万円だとすると、1室あたり年間60万円の家賃収入が得られ、12室合計では７２０万円ということになります。

家賃収入は年間７２０万円ですが、これは純粋な利益とはいえません。この例は12室が満室であることを意味していますが、もし1室だけ借り手が付かず、空き部屋だった場合には、年間の家賃収入は６６０万円に下がってしまいます。

また、アパートを経営するために必要な経費というものが存在します。もっとも大きいのは、不動産会社に対する手数料と修繕《しゅうぜん》費です。

部屋を貸して家賃収入を得るためには、その部屋に住んでくれる住人を探し、賃貸

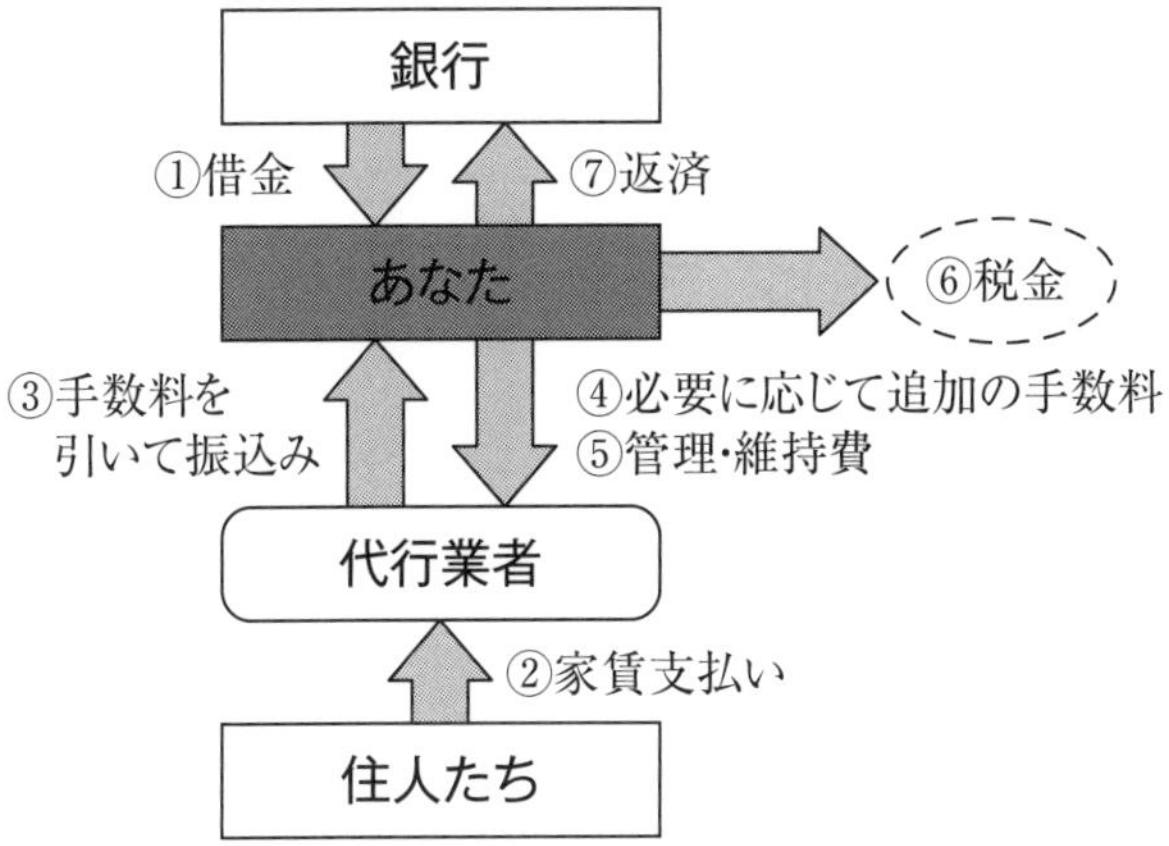

賃貸アパートの経営

契約を締結し、毎月、家賃を徴収する必要があります。また、家の中で壊れたところなどは所有者の責任で修繕する必要がありますから、そうした経費も捻出しなければなりません。住人からのクレームや近所とのトラブルを処理するといった仕事もあります。

こうした作業をすべて自前で行うのはほぼ不可能ですから、多くは不動産会社と契約して、管理業務や募集業務を代行してもらうことになります。

一般的に管理を代行する不動産会社は、毎月の家賃の5％程度を手数料として徴収し、さらに募集の時などは家賃の1カ月分程度のお金がかかります。不動産会社に5％の手数料を支払った場合、年間約35万円の支出となりますし、募集時には追加で手数料が必要となりますから、家賃収入はさらに下がって600万円程度になる可能性が高いでしょう。

10年に1回はそれなりに部屋や外装をリニューアルする必要がありますし、退去時に部屋が汚れていれば、敷金で徴収した金額以上をクリーニングなどに費やす必要も出てきます。そうなってくると実質的な家賃収入はさらに下がり、550万円程度になってしまうかもしれません。

さらに不動産収入を得た場合、税金の支払いも必要となってきますから、手元のお金はさらに少なくなって、500万円程度になる可能性もあるでしょう。

銀行への返済はすべての経費を差し引いた残りから行われますので、年間500万円の家賃収入しか得られない場合、余ったお金はすべて返済に回る可能性が出てきます。現実には銀行への利子の支払いも加わってきます。

つまりこのケースは表面上、720万円の家賃が得られていても、実質的な利益という意味ではゼロになってしまうわけです。これでは不動産に投資している意味がなくなってしまいますが、果たしてこのケースは最悪のレベルなのでしょうか。実はそうでもないというところが重要です。

この物件の経費を差し引く前の年間家賃は最大で720万円で、物件の取得価格は1億円となります。1億円の投資で年間720万円の家賃が得られるわけですから、投資利回りは720万円÷1億円で7・2％と計算されます。これは経費を差し引く前の利回りなので、投資の世界では「グロス」の利回りと呼ばれています（これに対して経費差し引き後の利回りのことを「ネット」の利回りと呼びます）。

実際にいろいろな物件を見るようになれば分かると思いますが、グロスの利回りが7・2％というのは、それほど悪い物件ではありません。もっと条件の悪い物件はいくらでもありますし、逆にさらに利回りが高い物件の場合、築年が古かったり、駅から遠かったりと、いろいろと難点が見つかることも少なくありません。

つまり、そこそこのレベルの物件を取得できたとしても、それだけでは十分に稼げる手段とはならないわけです。では不動産投資で大きな利益を上げる人は、どのような工夫をしているのでしょうか。

「掘り出し物件」が存在する理由

1つは、**利回りが高く、かつリスクの低い物件を選び出す**ことです。

不動産に限らず、すべての投資案件に当てはまりますが、利回りが高い投資案件は、リスクも高いというのが一般的です。しかし不動産の場合には、金融商品ほど取引が活発ではありませんから、利回りが高く、一見するとリスクも高そうな物件であっても、実は優良物件だったというケースが希《まれ》にあります。

不動産の売り手は、様々な事情で物件を売りに出します。安い物件はたいていがそれなりの理由があって安いのですが、中には売り手の資金繰りの事情で売り急いでいる場合があります。こうした物件をうまく見つけることができれば、相場よりも安い価格で入手することができます。

銀行の融資姿勢が価格に影響を与えることもあります。

多くの投資家が、銀行からの融資で資金を調達して不動産を購入しています。銀行が最優先で考えることは、その物件が不動産ビジネスとして儲かるのかではなく、借り手がお金を返せなくなった時に、貸した資金を回収できるかどうかです。したがって、築年が古いといった理由で売却が難しそうであると判断された場合には、投資用不動産としては魅力的な物件であっても、融資の審査が通りにくい物件というものが出てきます。こうした物件の価格は相場よりも安くなってしまうわけです。

不動産投資で成功する「大家さん」は、目を皿のようにして、こうした有利な物件を探しています。なかなかお目にかかることはないのですが、もし見つけた場合には、すぐに投資を決断します。

そのためには、常に一定の資金を確保しておく必要がありますし、話を通しやすい銀行をいくつかキープしておくといった措置も重要となります。何より、**無数の案件を常にチェックするという気の遠くなるような作業が求められる**でしょう。

ポートフォリオを構築できるか

もう1つは、**多数の物件を所有し、ポートフォリオを構築する**ことです。

いくら掘り出しモノの物件を見つけることができても、1棟から得られる利益には限界があります。不動産投資で成功している投資家は、優良な物件を取得できた場合、その物件を担保に再び銀行から資金を借りて、2番目、3番目の物件へと手を広げていきます。

その間に不動産の市況も上下しますから、高い値段で売れる時には一部の物件は売却するなど、ポートフォリオを常に調整しながら、投資を続けていきます。アパートやマンションを数棟あるいは10棟持つようになれば、経費を差し引いた利益で生活を成り立たせることも可能となるでしょう。

しかしながら、そこまでの規模となると、これはれっきとした不動産ビジネスであり、もはや片手間というわけにはいかなくなります。当然ですが、こうした水準になると抱える負債の額も大きくなりますから、不動産市況に左右される部分も大きくなってきます。

ここ数年は日銀が量的緩和策を実施していたこともあり、金融市場ではお金が余っている状況でした。このため銀行の審査は異様に甘くなっており、簡単にお金を借りることができていました。しかし状況は大きく変わりつつあります。

銀行を監督している金融庁は、2018年9月に新しい金融行政の方針を公表し、投資用不動産向け融資の監視を強化する姿勢を鮮明にしました。その理由は、需要をはるかに超える水準のアパートが建設されており、今後、空室が多発するリスクが高まっているからです。

需要を超えるアパートが建設されたのは、量的緩和策でお金が余っていることに加え、土地所有者が相続税対策としてアパートを大量に建設したからです。

日本の税制では、更地《さらち》で土地を持っているよりも、アパートなどを建てた方が相続税の財産評価額を下げることができます。そのため、土地を保有している資産家にとっては、たとえ空室になるリスクがあっても、積極的にアパートを建てた方が相続税で有利になります。

融資先の開拓に苦慮している地方銀行は特に積極融資の傾向が顕著となり、地域によっては賃貸需要をはるかに上回る数のアパートが建設されるという異常事態となりました。

金融庁はこうした状況に歯止めをかけるため、2017年から金融機関に対して過度な融資を実施しないよう、行政指導を始めています。これにともなって一部の銀行は不動産向け融資を急激に縮小しており、場合によっては不動産向け融資が一気に冷え込んでしまう可能性も出てきました。

投資には常に「出口戦略」が必要

不動産投資に限らず、**最終的に投資を成功させるためには、出口（イグジット）をどう確保するのかが重要なポイント**となります。

一般的にアパートへの投資は値上がり益（キャピタルゲイン）を主眼としたものでは

なく、毎月得られる家賃収入（インカムゲイン）を収益源にしているので、高く売却することそのものを目的にしているわけではありません。しかし、購入したアパートを未来永劫《えいごう》持ち続けるのかというと、そうとは限りません。

先ほど説明したように、資産全体のバランスを考え、今後の融資がスムーズに進むよう、物件の入れ替えは常に行っていく必要があります。仮に入れ替え対象にならない場合でも、物件には寿命があるため、どこかのタイミングでリニューアルや建て替えを実施する必要が出てくるでしょう。その際には、資金捻出のために一部の物件を売却する可能性は高いと考えられます。

アパートが過剰に建設されてしまった以上、供給過剰の状態はしばらく続くことになります。しかも日本はこれから人口が急激に減少しますから、それにともなって賃貸物件に入居する人の総数も減ってくるでしょう。

これまで、銀行が消極的でローンが付かず、物件の買い手がいなくなるという事態は発生していませんでしたが、今後はそうした状況が長期にわたって続く可能性が出てきました。新規の融資が付かないことで買い手が激減し、一部の投資家は出口に苦慮することになる可能性が高まっています。

2018年の秋、六本木の一等地にオフィスを構え、派手なメディア露出で知名度を上げていた、1棟モノを得意とする不動産会社、「水戸大家さん」が廃業したことが、ちょっとした話題となりました。廃業した理由の詳細は分かりませんが、もっとも大きかったのは銀行の融資姿勢の変化だと言われています。

新規に物件を購入する投資家が減れば、当然、物件の回転は鈍くなり、あまり利益の出ていない物件は、いわゆる塩漬け状態となります。不動産ビジネスは時間軸が長いので、すぐに影響が顕在化するわけではありませんが、今後ジワジワと不動産投資家のクビを絞めていくことになるかもしれません。

「ワンルーム・マンション」投資は意外と難しい

これまで説明してきた不動産投資は、銀行から億単位の資金を借り入れ、アパートやマンションを1棟丸ごと購入するという、かなり本格的なものです。一方で、もう少し規模を小さくして、不動産投資に取り組む人もいます。代表的なのは、都市部を中心としたワンルーム・マンション投資でしょう。

ワンルーム・マンションはその名前の通り、1戸に1部屋しかないタイプのマンションで、主に単身者が入居する物件です。部屋の面積が狭い分、価格も安く、資金力のない投資家でも手が出しやすいという特徴があります。しかしながら、ワンルーム・マンションは手軽に投資できる反面、他の物件にはないリスクもあるので、こうした投資に取り組む場合には注意が必要です。

ワンルーム・マンションの最大のリスクはやはり入居者の確保でしょう。

ワンルーム・マンションは低コストで建設できるので、多くのデベロッパーが新規の建設を進めようとします。都市部であれば、進学や就職などで常にある程度の人数が流入してくるため、単身者用の物件には一定のニーズがあります。その反面、供給過剰になりやすく、入居者の確保に苦労するケースが珍しくありません。

単身者は若者が多く、彼らは基本的に綺麗な物件に住みたがりますから、新築物件が圧倒的に有利になります。ファミリー向けの物件であれば、古い物件の場合でも、賃料を安くすることで入居者を確保できますが、単身者用の物件はもともと賃料が安く、値下げするにも限度があります。

このため築年が古くなると、こうした物件は急速に不利になります。よほど利便性の高い場所に立っていないと、長期にわたって入居者を確保するのは難しくなりますが、こうした物件の価格はかなり高いというのが現実です。

これに加えて、ワンルーム・マンションに対しては厳しい規制が課せられており、それが賃貸ビジネスに大きな影響を与えています。

面積の狭いワンルーム・マンションは、自治体によって基準は違いますが、たとえば東京都内では、25㎡以上でなければ建設できないといったルール（区ごとに異なる）が定められています。ワンルーム・マンションが林立すると、近隣住民とトラブルになるケースが増加することや、狭い物件の増加で住環境が損なわれることなどから、行政当局は基本的に規制を強化してきましたし、今後もその流れが続くと考えられます。

規制ができる以前に建設されていた面積の狭いワンルーム・マンションは、現在の規制をクリアした物件と比較するとかなり狭く、入居者の確保でさらに不利な状況となる可能性があります。規制は投資家がコントロールできるものではありませんから、他の物件と比較して不確定要素が多くなってしまうわけです。

これに加えて重要なのが、銀行の担保価値です。

ワンルーム・マンションを1部屋だけ持っているという状況では、常に満室でも得られる家賃収入は月数万円です。ここから管理費や修繕積立金などを差し引くと、利益は大きく減少します。物件の価値も劣化していくことを考えると、1部屋だけ持っていても、大きな収入源にならないのは明白です。

結局のところ、それなりの資金を用意するか、銀行から借り入れをして複数戸に投資をしないと、十分な収益を得られないというのは1棟買いの場合と同じです。もし大きな自己資金を持っているのであれば、わざわざワンルーム・マンションに限定する必要はなく、ファミリー向けなど家賃の高い物件を狙うという方法もあるでしょう。

一方、自己資金が乏しいということを理由にワンルーム・マンションに投資する場合にも、結局は銀行からの借り入れで規模を大きくしないと、十分な収益になりません。しかし、ワンルーム・マンションの場合、ケースバイケースですが、銀行があまり担保価値を評価しないケースが目立ちます。つまり購入した物件を担保に、さらにお金を借りて物件を増やすという手法が使いにくいのです。

一連の状況を総合的に考えると、**いくつかの条件を満たせば、ワンルーム・マンション投資もアリということになりますが、不労所得を形成する手段としてはあまり適切ではない**ようです。

もっとも、東京への人口流入は今後も続く可能性が高いですし、外国人労働者の数も増えていますから、単身者向け住宅のニーズは増える可能性が高いでしょう。ワンルーム・マンションへの投資の是非については、このあたりをどう解釈するのかにかかっています。

結局は不動産そのものが好きかどうか

本書のテーマである不労所得という視点で考えた時、不動産投資は手間がかからない部類に入ると思ってよいでしょう。

空室に悩まされ続けるような物件を持っていなければという条件付きではありますが、東京都内であれば、空室が出ても募集をかけると、1カ月程度で住人が決まるというケースが大半です。不調でも多少価格を下げれば、2~3カ月以内には決まる可能性が高いと思います。

しかも募集そのものは不動産会社がすべて代行してくれますから、基本的に投資家がすることはありません。中には自分でチラシなどを作ったり、足繁く不動産会社に通って打ち合わせなどをする人もいるようですが、これも状況次第です。

不動産会社の担当者も1人の人間ですから、投資家が一生懸命であれば、何とかそれに応えようと努力する人が多いと思います。ただ、あまりにも熱心すぎると、今度は面倒に感じてしまうのも人間です。しっかり仕事をしてくれる不動産会社であれば、ある程度お任せにした方が業務はスムーズに回りますし、むしろそうした不動産会社をしっかり見つけることの方が重要です。

日常的な管理業務も同じです。

自分自身で管理業務の一部を実施する人もいるようですが、戸数が増えてくれば、それも限界がきますし、遠隔地であれば、そもそも管理業務を遂行することができません。住民がトラブルを起こす頻度はあまり高くありませんから、任せた不動産会社から何か連絡が来るということも、そうそうないでしょう。

しっかりとした物件を持っていれば、あまり手間暇はかからない仕事だと考えてよいと思います。しかしながら、不動産投資は何もしなくてもよいかというと、そうはいきません。

もっとも重要なのは、物件探しとそれに付随した不動産市況の分析です。

元から土地を持っている人ではなく、土地も含めてゼロから取得する投資家の場合、どの物件をいくらで仕入れることができるのかによって、投資の成否はほぼ決まってしまいます。十分な利回りが得られる優良物件はそうそうありませんから、それこそ目を皿のようにして物件を探す必要があります。

もっとも目を皿のようにして、といいましたが、その作業自体は、それほど大変なことではありません。不動産会社は商売ですから、物件を探していると言えば、それこそ「これ以上は要りません」というくらい大量の物件情報を、毎日送ってきてくれます。

物件のチラシに慣れてくると、詳しく見なくても、自分の条件に合う物件なのかが分かるようになります。日々たくさんのチラシを見ていると、その中で、100件に1つくらいの割合で、目にとまる物件が出てくるはずです。そうした物件を見つけた場合には、すぐに現地に行って確認します。

不動産投資で成功している投資家は、こうした作業を毎日、毎日続けています。

この話を聞いて大変そうだと思った人は、不動産投資には向いていません。**不動産投資で成功するためにもっとも重要なのは、「不動産が好きかどうか」**です。不動産が好きな人ならば、大量の物件チラシを、一日中眺めていてもまったく飽きることがありません。

このような人ならば成功する確率は高いでしょうし、そもそも労働しているという感覚にはならないでしょう。逆にいえば、不動産そのものにあまり興味がない人は、不動産投資には手を出さない方がよいと思います。

不動産投資は、それが好きな人にとっては限りなく不労所得となりえますが、そうではない人にとっては、結構手間のかかるビジネスです。事業であると割り切ればそれでOKですが、そうなると不労所得という話にはならないと思います。

不動産そのものがそれほど好きでない場合には、ある程度資産ができてからの方がよいと筆者は考えます。

こんな人にオススメ！

◎投資意欲が旺盛で、投資先を広げていきたい。
◎不動産が好きで、物件探しが苦でない。
◎リスクを取ってでも、ハイリターンを狙いたい。

3章

〝億り人〟の発想、〝サラリーマン〟の稼ぎ方

億り人
サラリーマン

1

億り人

なぜ資産1億円以上が富裕層なのか

世の中に存在しているあらゆる仕事のうち、もっとも不労所得レベルが高いのが、いわゆる「億り人」であることは、議論するまでもないと思います。1億円以上の純金融資産を持っていれば、かなり自由な生活を送ることができます。

一般的に富裕層というのは、純金融資産が1億円以上ある人のことを指しています。なぜ1億円なのかについては、明確な理由はなく、数字のキリがよいということも大きいと思いますが、経済学的にもある程度の根拠はあります。

現在、日本のＧＤＰ（国内総生産）は約５００兆円の規模があり、ＧＤＰの三面等価のうち分配面に着目した場合、労働者に賃金として支払われているのは約２５０兆円（雇用者報酬）と、全体の約半分を占めています。

一方で、利子や配当など、資本に対する対価として支払われているのは約１００兆円で、残りは減価償却や税金です。つまり日本全体で見た場合、お金を出したことに対する報酬は、１００兆円と考えることができます。究極の不労所得はお金に働いてもらうことですから、お金を出したことの報酬というのが不労所得であり、これが日本全体では１００兆円あるわけです。

日本の就業者数は約６５００万人なので、雇用者報酬２５０兆円を就業者数で割ると、労働者１人あたりの報酬を計算することができます。ここでは約３８５万円となるのですが、これは労働者の平均的な年収に近いと思ってよいでしょう。実際、この数字は各種の調査から得られる金額とほぼ一致しています。日本においては労働者として働いた場合、平均すると３８０万円の年収になるということを意味しています。

一方、日本において、資本として提供されるお金の総額（国富）は約３３００兆円なので、資本の対価として得られた100兆円を使って利回りを計算すると、約3・3％になります。つまり、あらゆる投資を総合すると、日本では平均して3・3％でお金が回っていると解釈することが可能です。ちなみにこの数字は、あらゆる投資を総合したマクロ的な数字ですから、個別の投資案件と直接比較することはできないので注意してください。

利回りが3・3％の場合、1億円の資産があれば、何もせずに年間330万円を稼ぐことができます。要するに1億円の資産があると、労働者の平均年収に近い金額を働かずして稼ぐことができるわけです。

年収330万円では生活はラクではありませんが、働かずに何とかやっていける金額であり、そのための最低資産額が1億円なのです。1億円以上を富裕層と定義することには、数字のキリがよいこと以外にも経済的な意味があることがお分かりいただけると思います。

野村総合研究所の調査によると、2017年時点における日本の富裕層数は127万世帯で、彼らが持つ資産総額は299兆円になるそうです。日本の世帯数は580

0万世帯ですから、45世帯に1世帯は富裕層ということになります。学校のクラスに1人くらいはお金持ちがいるという計算ですが、意外と多いという感想を持った人が大半ではないでしょうか。

使ってよいお金、使ってはダメなお金

では実際に、金融資産を1億円以上保有していると、どのような生活を送れるのでしょうか。多くの人は、1億円あればアレが買える、コレが買えると思いをめぐらすかもしれませんが、富裕層の人はそうは考えません。

中にはお金を散財してしまって、あっという間に資産を使い果たす人もいますが、ホンモノのお金持ちというのは、平均的な人とはまったく異なる価値観を持っており、お金に対する態度も大きく異なっています。

富裕層の人は、1000万円を稼いでも、おおよそ30万円の稼ぎとしかカウントしません。1000万円稼いだのに30万円にしかならないというのは、どういう意味で

しょうか。

それは、**お金には使ってよいお金と使ってはダメなお金がある**からです。

お金に色はないと言われていますが、富裕層にとってはそうではありません。同じ100万円でも、消費してよい100万円と消費してはいけない100万円の違いが、明確に存在しています。

まとまった資産がない時には、人は働いて得た稼ぎの中から消費するしかありません。しかし、一定以上の資産を持った人にとって、働いて得た稼ぎというものは、原則として消費してはいけないお金です。

働いて得た稼ぎというのは、基本的に資産を増やすための原資であり、本来は手を付けるべきお金ではありません。しかしお金がない人にとっては、そのお金で生活せざるをえないので、やむをえずそれを消費に回しているだけです(しかもこの事実にあまり気付いていません)。

ではお金持ちにとって消費してよいお金は、どのようなお金なのでしょうか。

それは稼ぎの結果、資産が蓄積され、それを運用した結果として生み出されたお金です。つまり、稼いだお金が蓄積され、それが再び富を生み出す段階になって、初めて消費の対象となるのです。

さらに厳密にいえば、資産の運用で生み出されたお金から、税金を差し引いて最後に残ったお金が、真の意味で消費可能なお金と定義した方がよいでしょう。この段階まで到達して、ようやく躊躇《ちゅうちょ》せず、すべてを消費に回すことができます。これがまさに究極の不労所得であり、富裕層にとってはこの不労所得で得たお金だけが、消費してよいお金になります。

こうした状態を維持することができれば、自身の資産は減ることはなく、運用で生み出された資金の範囲内であれば、いくらでも散財することが可能です。

最初に説明した「1000万円を稼いでも30万円を稼いだとカウントする」という話は、この話を象徴的に示したものです。まとまった資産があれば、どのような時代でも3％程度の利回りで運用することができます。

これは1000万円稼ぐことができ、それを消費せずに投資に回すことができれば、その後は毎年30万円の収入になることを意味します。資産の額が増え、1億円を達成できれば、毎年何もしなくても300万円が入ってきます。このお金はどれだけ浪費しても、元手となっている資産は1円も減りません。

つまり1000万円を稼いだ時、30万円しか稼いでいないという感覚を持つことができれば、資産を減らすことなく、毎年、運用収益を得られる体制を確立できるのです。

ホンモノの富裕層にとって、使ってよいお金というのは、資産が生み出したお金だけです。派手に散財しているように見えても、実は散財する範囲を厳しく限定しています。中には資産の元手に手を付けてしまう人もいるのですが、こうした人は、すでに資産家からの転落が始まっていると見てよいでしょう。使ってよいお金と使ってはダメなお金があると説明したのは、こうした理由からです。

本物のお金持ちはファーストクラスに〝乗らない〟

富裕層と聞くと、飛行機のファーストクラスを思い浮かべる人も多いと思いますが、実は富裕層の間ではファーストクラスはそれほど人気がありません。むしろビジネスクラスを選択する人が圧倒的に多いと思います。

その理由は、**富裕層はコストパフォーマンスに対して非常に敏感**だからです。

航空会社による宣伝の影響も大きいのかもしれませんが、ビジネスクラス以上に搭《とう》乗《じょう》すると、機内で豪華なディナーを堪能《たんのう》できるというイメージがあると思います。実際にビジネスクラスやファーストクラスでは好きな時間に食事が取れますし、料理も皿に盛ってサーブされ、ワインも豊富です。

しかしながら、ビジネスクラスやファーストクラスに搭乗している富裕層の人は、思ったほど機内食を食べていません。機内食では、どうしても味に限界が出てきてしまうからです。

飛行機の機内は気圧が低く、騒音も大きいです。厨房《ちゅうぼう》で調理することもできないので、地上で食べる食事と比較するとどうしても味が劣ってしまいます。富裕層の場合、普段からそれなりの食事をしていますから、機内食を美味しく感じることはまずありません。食事を目当てにビジネスクラスやファーストクラスに乗る人は、ほとんどいないと思ってよいでしょう。

では、なぜビジネスクラス以上に乗るのかというと、とにかく体を疲労させないことを最優先したいからです。つまり、ビジネスクラス以上を選択する最大の理由は、できるだけ普段の状態を維持するため、ということになります。

ビジネスクラスあるいはファーストクラスなら、シートのピッチが広く、路線と機材によってはフルフラットになります。実際に利用したことがある人なら分かると思いますが、少しでも角度があるシートとフルフラットのシートでは、体の疲れがまったく違いますし、睡眠のレベルも大きく変わってきます。富裕層にとって時間はもっとも貴重な財産です。余分な体力を消耗して次の日程に影響が出ることは避けたいので、そこの部分にお金を払う価値が出てくるわけです。

さらにいえば、機内の手荷物制限が緩い点も重要なポイントです。

旅行の日程にもよりますが、ビジネスクラス以上なら、相当な量の荷物を機内に持ち込むことができるので、荷物を預けずに済みます。ビジネスクラスやファーストクラスの乗客は到着後、最初に飛行機を降りることができるので、預けた荷物がなければイミグレーションに直行することが可能です。あとになればなるほどイミグレーションは混んでくるため、最初に外に出られるメリットは限りなく大きいのです。

最近では、多くの国でウーバーやグラブといった配車アプリが使えるので、空港に出てアプリでクルマを呼べば、最短時間でホテルに入れます。こうした機動力にお金を払っているという側面が大きいわけです。

一連の状況を総合的に考えると、富裕層にとってファーストクラスはそれほど魅力的に思えません。

確かにファーストクラスになれば、料理もより豪華になり、誕生日などにはシャンパンで乗務員がお祝いをしてくれたりします。しかし、機内食である以上、地上の食事との差は埋めようがありませんし、シャンパンでのお祝いも、富裕層にとっては特に喜ぶような話ではありません。

それにもかかわらず、ビジネスクラスとファーストクラスの料金には、天と地ほどの差があります。エコノミーとビジネスなら迷わずビジネスを選択するわけですが、ビジネスとファーストということになると、断然ビジネスの方に軍配が上がります。

さらにいうと、アメリカなどプライベートジェットが普及している国では、路線にもよりますが、ファーストクラスの料金とそれほど大差のない水準で、プライベートジェットを手配することが可能です。ファーストクラスの料金を払うなら、それに近いコストでプライベートジェットを手配した方が、圧倒的に効率的です。

こうした理由で、富裕層の人は意外とファーストクラスには乗っていません。ファーストクラスに乗るのは、乗務員からの豊富なサービスが限りなく好きという、一部の人に限定されると思います。

資産10億円レベルだと発想から違う

資産1億円レベルの一般的な富裕層の場合、資産を減らすことなく不労所得として得られる金額は、年間数百万円ですから、基本的には数百万円の範囲でしか散財することができません。お金がない人から見ると数百万円の散財も大きな話かもしれませんが、現実問題として数百万円の範囲では、特段驚くようなお金の使い方ができるわけではありません。

先ほど説明したように、飛行機の座席がエコノミークラスからビジネスクラスに変わったり、1人あたりの料金が3万円するレストランにも気軽に入れるといった程度で、生活が根本的に変化するわけではないのです。つまり、億のレベルの富裕層というのは、ぱっと見では一般人とそれほど変わらないということになります。せいぜい乗っているクルマがちょっと高級だったり、服のブランドがよくなる程度でしょう。

しかし、資産額が10億円を超えてくると、状況が大きく変わってきます。

同じグルメの場合でも、資産1億円と資産10億円では、行動がまったく違ってきます。資産が10億円あると、1年間に得られる不労所得は3000万円を超えてきます。3000万円のお金が毎年、自由に使えるということになると、お店1軒を丸ごと買ってしまうことも可能です。

10億円以上の富裕層の中には、自分のお店を持つ人がかなりいるのですが、飲食店の経営を本業としているわけではないのに、わざわざお店を持つのは、その方が最終的には安く済むからです。お店を自分で持っている方が安く済むという話には、富裕層が持つ独特の事情が関係しています。

当たり前のことですが、どんなに高価なお店であっても、食事の時に都度、お金を払って飲食店を利用した方が、絶対的な金額は少なくなります。筆者も以前お店を所有していたことがあるのでよく分かるのですが、店舗オーナーになると結構な出費を覚悟しなければなりません。それにもかかわらず、あらゆる面をコスト換算すると、お店の所有は実は経済的なのです。

富裕層の中でもビジネスで成功した人にその傾向が顕著ですが、多くの富裕層が食事の場でのコミュニケーションにかなりの気を配っています。会食というのは、忙しい日々の中で、わざわざ夜の数時間をお互いに共有し、食事やアルコールをともにするという行為です。特に時間が貴重な富裕層にとって、会食する相手というのはかなり重要な人物ということになります。

会食にはお金を惜しまないという成功者が多いのは、成功してお金があるので食事にふんだんにお金が使えるからではなく、多くのお金を投じても惜しくない人としか会食しないからです。

仕事であってもプライベートであっても、大事に思う人と同じ時間を過ごすのであれば、その時間は完璧にマネジメントしたいと考えるのは当然のことでしょう。ところが、自分の理想を満たすお店を見つけるのは、そうたやすいことではありません。

ここでみなさんに1つの質問をしてみましょう。

あるビジネス・ディナーで勝負をかけたいと思った時、あなたは相手とどのような向きで席に座るのがよいでしょうか。こうした食事に慣れている人ならすぐにお分かりだと思いますが、答えは正面ではなく斜め45度です。

これは異性を食事に誘う場面を想像してもらえば分かりやすいのではないでしょうか。それほどお互いを分かっていない段階であれば、食事に行く時はテーブルに45度で座る配置の方がベターです。正面を見据えた状態では、会話が途切れた時に困ってしまいますし、2人並んで座るのはまだ早すぎます。45度の角度は、どのような状況になっても対処しやすい配置なのです。

多くの成功者が語っているように、ビジネスと恋愛は非常によく似ています。恋愛で効果的なやり方はたいていビジネスにも当てはまりますから、レストランの配置もまったく同じと考えてよいのです。

しかし現実を考えた時、45度という角度で座れるお店というのは、実はそれほど多くありません。

ちょっと考えれば分かると思いますが、お店側も商売なので、一度にできるだけ多くの顧客を店内に入れたいと考えています。そうなってくると、2人用の正面に向かい合う配置のテーブルを狭い間隔で並べた方が、圧倒的に効率がよくなります。45度で座れる配置の席を多くすると、客数が少なくなるので、当然お店側の利益は少なくなってしまいます。

会食を成功させるためには、配置をよくするだけではダメです。

店員さんのサーブの仕方がもたらす影響は極めて大きく、ここをしっかりコントロールできなければ、会食はうまくいきません。料理をサーブする際、店員さんが簡単な説明をしてくれることがありますが、店員さんのレベルが際立つのはこうした場面です。

あまり熟練していない店員さんが多いお店では、一律に料理の説明をするよう教育することしかできず、利用者の会話の状況を考えずに、話に割り込んでしまうというケースがよく見られます。これは実際に経験している人ならよく分かると思いますが、重要な話をしている時に会話を遮断《しゃだん》されてしまうことの影響は、極めて大きいです。

筆者が以前よく通っていたお店の店員さんは、こうした微妙な対応が非常に上手だったのですが、それはオーナーの教育が完璧だったからです。

ある時、そのお店に普段、高級店に行き慣れていない人を招待したことがあるのですが、食前酒のオーダーを取りに来た店員さんは、「何かお飲み物は？」というセリフに続けて、すかさず「ビールもありますし、シャンパンやカクテルなどもございます」と続けてくれました。そこはビールを出す類のお店ではありませんが、会話もほとんど交わしていない段階で、ゲストの雰囲気を素早く察知したのです。ゲストは「とりあえずのビール」を楽しみ、その後いろいろなお酒をオーダーしていきました。

席の配置が絶妙で、隣との距離が確保されており、しかも店員さんの動きが完璧というお店であれば、いくらお金を出しても惜しくないという富裕層は多いと思います。ところが、こうしたお店を見つけ出すのは簡単なことではなく、仮に見つけることができたとしても、大事な日に確実に予約を入れられるとは限りません。そうなってくると、想定したシナリオが崩れてしまいます。

つまり富裕層にとって、重要な相手との会食を、希望した日にセッティングできないことは、極めて大きなコストとなって跳ね返ってくるのです。1億円程度のお金しかない一般富裕層の場合には、我慢するしかありませんが、10億円以上の富裕層なら、自分でお店を所有してしまった方が、機会損失の金額を考えると、かえって安上がりということが十分にありえます。

常に空席を確保しておけば予約で苦労することはありませんし、店員さんも自分で教育するわけですから、自分の思う通りに動いてくれるはずです。

何でも買えるはずの富裕層がロレックスを好むワケ

資産額が大きくなってくると、ブランド物に対する価値観も大きく変わってきます。

高級時計はお金持ちの象徴とされてきましたが、最近はスマホの普及で時計を持つ人が減っているとも言われており、若い世代の富裕層の中には、時計などを一切身につけない人もいます。それでも、時計は富裕層を象徴する品物の1つであることに変わりはないでしょう。

高級時計がお金持ちの象徴とされるのは、時間を知るという行為に対して、多額のお金をかける必要性がないからです。

単純に時間を知るだけなら、スマホでよいですし、100円ショップで売っているデジタル時計でも事は足りるでしょう。時間を見る行為に100万円や200万円、場合によっては1000万円をかけることは、ある意味で馬鹿げた行為ですから、逆にこれができる人はお金持ちと見なされることになります。時計がお金持ちの記号として作用していることには、こうした背景があるわけです。

とはいえ時計も靴も、奮発すれば誰でも買うことができます。お金がない人でも、少し無理して高級時計を身に付けたり、高価な靴を履くことで、お金持ちに見られるのなら買う価値はあるでしょう。そうなってくると、本当のお金持ちは、さらに稀少価値が高く、手に入らない時計を持ちたいのではないか。こうした考え方が台頭してきたことで、従来の常識をはるかに超える極めて高価な時計も登場しています。

しかしながら、こうした超高級ブランドが台頭しているにもかかわらず、お金持ちの間では相変わらずロレックスなど、従来型の高級時計も根強い人気となっています。超高級時計も買うことができるほどの富を持っているにもかかわらず、一部の富裕層はなぜ従来型の高級時計を好むのでしょうか。実はこうした従来型ブランドは、富裕層にとって1つの投資対象となっているからです。

いくら価値がなかなか下がらない高級時計とはいえ、中古品はあくまで中古品ですから、新品と比べればその価値は低下します。高級時計は、株式や不動産、債券といった金融商品の代わりにはならないと思ってよいでしょう。

ところが、すでに多くの資産を持ち、それを増やすことよりも守ることを重視する資産家にとっては、場合によっては高級時計も投資のポートフォリオになります。彼らは非常時における資産の保全にまで気を回しているからです。

一生働かなくても生活できる資産を持った人が、次に考えるのは、資産の長期的な保全であり、特に子供がいる場合にはその傾向が顕著となります。何らかの非常事態が発生しても、資産が残るようにしたいと切実に考えるようになるのです。

平和に見える日本でも、つい70年前には戦争による国家破たんでハイパーインフレが発生し、現金は一瞬で紙くずになってしまいました。確率が低いとはいえ、この先どのような非常事態があるのか誰にも分かりません。富裕層の一部は、お金を持てば持つほど、資産の一部を現物にしておきたいという欲求が強くなってくるのです。

実際、日本よりも政府が信用できない中国では、貴金属に対するニーズが極めて強いという特徴があります。それはお金持ちの象徴として見せびらかしたいという欲求もあるのでしょうが、非常時における資産保全手段でもあるのです。

ここで**重要となってくるのが、流動性という概念**です。

いくら高価で価値が落ちないものであっても、世間に広く出回っていなければ、どこでも換金するというわけにはいかなくなります。実際に、極めて高価な高級時計をショップに持ち込んでも、在庫負担が大きいなどの理由で断られてしまうことがあります。

このような時、安心感が高いのが、多くの人が買いたがるメジャーブランドです。

たとえばロレックスなら、どんな店でも買い取ってくれますし、買い取り価格も相場が安定しています。極論すれば路上で売ることもできるでしょう。中国の資産家がことさらにロレックスを好むのは、こうした理由もあるのです。

金融商品でも同じことですが、**価値を維持するために必要なのは稀少価値だけではありません。いつでも売り買いができるという流動性が、強い武器になるのです。**特殊なデザインをふんだんに使った5億円の戸建て物件よりも、利便性の高い場所にある1億円のマンション5室の方が、資産としての実質的価値は高くなります。

高級時計に積極的にお金を投じても、資産価値が増えることはほとんどないので、お金のない人が投資目的で高級時計を買うことはほとんどお勧めできません。しかし、一定の資産を持つ人で、非常時も含めた資産の保全という視点を持つのであれば、高級時計は1つの投資対象なのです。

2 サラリーマン

不労所得を目指すのにサラリーマンは不利か

日本は労働者として企業に勤務する人、つまりサラリーマンが圧倒的に多いので、本書を読んでいる方の多くもサラリーマンだと思います。

筆者はサラリーマン時代に1度転職したのち起業し、現在は執筆活動と個人投資家としての活動がメインになっていますから、サラリーマン、実業家、投資家、フリーランスと、4つの職種を経験しています。

最後の項では、不労所得を得るためには、どのような職種に就くのがよいのかについて、検討したいと思います。

多くの人が経済的に豊かになりたいと思っているはずですし、これに加えて本書のテーマである不労所得を得られれば、最高だと考えていることでしょう。

本書を読み進めてきた方はすでにお分かりだと思いますが、究極的な不労所得というのは、億単位の資産を運用してそれを収入源とすることです。当たり前のことかもしれませんが、本来の意味での不労所得者というのは、こうした資産家のことを指しています。

しかしながら、すべての人が億単位の資産を持てるわけではありませんから、このパターンの不労所得を得られる人はごくわずかです。そうなってくると、今度はできるだけ不労所得に近いものを選択していくという話になるわけですが、ここにはいくつかの制約条件が出てきます。

たとえば、不動産投資を大規模に展開できれば、不労所得に近い環境を構築することができますが、その分、極めて大きなリスクを背負うことになります。一方でブロガーであれば、リスクはほぼゼロですが、大きな金額を稼ぐことはできません。メルカリでの売買も同じようなものでしょう。

つまり、本書で解説してきたように、**お金の絶対額を犠牲にするのか、安全性を犠牲にするのか、自分の時間を犠牲にするのかという、何らかの妥協が必要**となってくるのです。

一般的に考えられる4つの職種をすべて経験した筆者としては、不労所得を得るためには、サラリーマンよりもフリーランスや実業家の方が有利であると断言できます。自分の行動のすべてを自分でコントロールできるからです。

ブロガーは時間に縛られない仕事のようですが、実際はそうでもありません。あるニュースが話題になり、該当するキーワードの検索順位が急上昇している時には、そのタイミングで関連の記事をアップした方が圧倒的にＰＶを稼ぐことができます。

株式投資も同様で、日々やらなければならないことはそれほど多くありませんが、相場が動いた時には、迅速に対応しないと大きな利益を上げることは困難です。投資の場合には、株価が暴落するといった事態もありますが、非常時にはすべてに優先して売買を行わないと、とんでもない損失につながることがあります。

筆者はリーマンショックをほぼ無傷で乗り切ることができましたが、自分の時間が自由であったことの効果は、極めて大きかったと思っています。

フリーランスが直面する現実

しかしながら、実業家、あるいはフリーランスとして活動するというのは、生易しいものではありません。

サラリーマンであれば、会社の看板で仕事をしますから、極論すれば個人に対する信用は仕事に影響しません。一方、実業家やフリーランスの場合には、個人の信用ですべての仕事を取ってくる必要があり、サラリーマン時代の肩書きや人脈はほとんど役に立ちません。

できたばかりで、来年存続しているかどうかも分からない会社に、仕事を発注する企業は少ないですし、仕事内容のハードルを下げてしまうと、極めて単価が安くなるので儲かりません。

人を採用するのも困難です。

起業や独立する本人はみな、大きな夢やビジョンを掲げているわけですが、その会社で働く従業員にしてみれば、できたばかりの怪しい会社に過ぎません。自分が逆の立場だったら、入社するのは躊躇するはずです。

実業家やフリーランスというのは、こうした厳しい環境の中で仕事を進めていく必要があります。儲けたお金はすべて自分のものですから、理屈上いくらでも儲けることができますが、それを実現するのは容易ではありません。現実問題として、起業やフリーランスで成功できる人は、ごくわずかといってよいでしょう。仮に失敗しないにしても、サラリーマンと同じ働き方で同じ年収を得られるケースは、少ないという現実があります。独立した人の中には、サラリーマン時代よりも年収が下がり、かつ重労働になっている人が大勢います。

筆者は幸いにも大きな資産を作ることができたので、今となってはサラリーマンに戻りたいとはまったく思いませんが、起業もフリーランスも実際に経験した立場として客観的に分析すると、**サラリーマンという職業は、限りなく不労所得に近い**と断言できます。

実はサラリーマンこそ究極の不労所得者!?

筆者もかつてはそうでしたが、サラリーマンの人は、毎月決まって給料が振り込まれることについて、当たり前だと思っています。明日も会社で仕事があることについても、やはり当然だと思っています。だからこそ、「明日も仕事か」とグチを言っているわけです。

しかし、起業したりフリーランスになると、この常識は180度変わります。

今月、仕事が取れなければ、今月の給料はゼロ円であり、貯金がない人ならダイレクトに生存に関わってくる問題となります。さらにいえば、今、取り組んでいる仕事は、今だけのものであり、来月もその仕事が継続している保証はありません。

彼らには、「明日も仕事か」といったグチはありません。明日も仕事があるということは、明日も御飯を食べられるということであり、それは心の底から喜ばしいことなのです。

フリーランスの場合は、仕事は個人で完結しますが、会社を経営すると、銀行との付き合いや従業員への給料の支払いなど、社会的な責任が倍増します。

東京都内で会社を経営している知人は、東日本大震災で会社の設備が被害を受け、一時は大変な状況となりました。幸いにも経営を立て直すことができ、今は順調ですが、彼から聞いた話はなかなか興味深いものでした。

震災への対処が一段落したのち、彼が大学時代の友人たちと食事に行った時、サラリーマンをしている彼の友人たちは、震災当日は不安な夜を過ごし、家族への思いを新たにしたという話をしたそうです。彼は「そうだよね」と相づちを打ったそうですが、震災当日の彼の状況はまったく違っていました。

地震の発生直後、彼がしたことは、全従業員とその家族の安否確認と、会社の設備や在庫など資産状況の確認や損失額の算定、さらには進行中のプロジェクトの洗い出しと現金の確保でした。

東京では結果的にそれほど大きな被害にはなりませんでしたが、震災当時は今後の状況を予想することができません。どのプロジェクトがストップし、どの支払いが滞《とどこお》るのかを考え、手元の資金で何日営業を継続できるのか、今月の給料を従業員に支払うことができるのかについて、経営者は算段を付けなければなりません。

人手が足りないので、彼は妻を会社に呼び、事態に対処したそうですが、気がついたら3日間、ほとんど寝ていないという状況で、災害への不安を感じたり、個人的なことについて考えたりする余裕など、まったくなかったそうです。

会社という公器を経営するようになると、自分のことよりも、社員や取引先など、他人を優先せざるをえなくなります。会社経営者やフリーランスというのは、確かに自分の行動は自分で決めることができますが、一方でその行動には大きな社会的責任がともないます。自由なように見えて実はまったく自由ではないというのが、こうした職業といってよいでしょう。

もちろんサラリーマンにも労働者としての責任はありますが、法的には保護される側の立場であり、いつでも会社を辞められますし、本人に重大な過失がない限り、仕事の結果について経済的責任を負わされることもありません。

サラリーマンをしているとあまり意識しないのですが、**会社に通っているだけで一定額のお金を稼ぐことができるというのは、実はとてつもない利権**なのです。

このような書き方をすると、一部の人は「サラリーマンをバカにしている」と感情的になりますが、ここは冷静になって考えてください。決まった時間に自分の体が拘束されるということを除けば、サラリーマンというのは究極の不労所得者といってよいものです。これを利用しない手はありません。

何としても億単位のお金を稼いで完璧な不労所得を実現したいという人は、実業家になるしかありませんが、もう少し小さいレベルでよければ、サラリーマンをしながら副業という形で収入を増やすことができます。その副業を可能な限り不労所得に近い形に持っていけるよう努力するのが、ベストだと筆者は考えます。

まずは「月5万円」を目指そう!

サラリーマンとして仕事をしている以上、たいていの人は昼間の時間帯は自由になりません。副業をするにしても、昼間の時間に対応する必要があるものは、可能な限り避けた方が賢明でしょう。

パーソル総合研究所が行った「副業の実態・意識調査」によると、2018年時点において、正社員で副業している人は10・9％、今後、副業したいと考えている人は41％に達するそうです。

実際に副業している人の平均月収は6・82万円となっており、時給に換算すると1652円です。一般労働者の残業の平均時給は1900円くらいですから、あくまで平均値ではありますが、会社で残業するよりも副業の方が給料が安いという状況です。

副業の労働時間についてはかなり長いという結果が出ています。

1週間あたりの副業にかける時間は平均10・32時間となっています。平日だけ副業をした場合には、週5日で1日あたり約2時間働いていることになります。本業と合わせた労働時間については、全体の16・6％の人が60～70時間、11・1％の人が70時間以上と回答しており、一部の人はかなりの長時間労働になっているようです。

一連の数字はあくまで平均値ですが、多くの人にとって非常に参考になるものだと思います。つまり、副業をしている人の多くは、1日に2時間もしくはそれ以上の時間、本業以外で働き、その結果として約7万円の金額を得ているということになります。もし、月額7万円をほとんど労働することなく得られるのであれば、サラリーマンとしてはほぼ完璧な不労所得といってよいのではないでしょうか。

現実には多少の妥協も必要ですから、毎日1時間程度の時間を費やし、月あたり5万円の稼ぎがあれば、十分満足できるレベルではないかと思います。**これから不労所得の構築を目指す人は、とりあえず月5万円の収入を目指すのがよい**でしょう。

では月5万円という収入を考えた時、本書で取り上げた各不労所得はどのくらい現実的でしょうか。

1章でも説明しましたが、ブロガー、もしくはアフィリエイターの場合、月5万円を稼ぐことはそう簡単なことではありません。

1カ月あたり1万PVを実現しているブログは全体の5％程度で、10万PVを確保しているブログは1％以下である可能性が高いと話しました。もし10万PVを実現できれば、PVあたりの単価が0・5円と仮定すると、月あたりの収益は5万円になります。ここまでのＰＶがあれば、ある程度ブログを放置しても収益が上がり続けますから、不労所得に近づくことになります。

ただ、上位１％に入る競争は並大抵ではありませんから、実現するためには、かなりの困難がともないます。

ブログによる不労所得を目指すかどうかは、書くことが好きなのかどうかにかかってくるでしょう。書くことが好きであれば、作業自体も苦にならないでしょうし、ＰＶを上げる努力も楽しめると思います。

何よりブログの最大のメリットは、初期投資やランニングコストがほとんどかからず、リスクゼロに近いビジネスという部分です。リスクがないビジネスというのはそうそうありませんから、文章を書くのが好きなら、積極的に取り組んでみる価値はあるでしょう。

メルカリなどを使った中古品の売買は、ブログと比較するとハードルは低くなりますが、その分だけ期待収益を小さくする必要があります。メルカリで継続的に月５万円を確保するのは、ブログで成功することと同じくらい難しいので、やはり万人にできることではありません。

しかし、ブログとは異なり、あるラインを下回ると収益がいきなりゼロ円になってしまうということがありません。中古品の売買は、1個でも実現すれば確実に利益となります。時間も縛られませんから、好きな時間に取り組めば、限りなく不労所得に近い感覚が得られるでしょう。

月あたり1万〜3万円程度を目安にするところまで妥協できるのであれば、中古品売買もなかなかのビジネスといってよさそうです。

一方で、ブランド品などのリースは、ビジネスというよりも生活の延長線上というニュアンスが強いですから、副業として取り組むことは避けた方がよさそうです。

エアビーに代表される「民泊」も、現状では規制が厳しいため、余った部屋を楽しみで貸し出すという人以外にはあまり向いていません。今のところ、**商品の貸し出しサービスはあまりよいビジネスにならない**可能性が高いでしょう。

オンラインサロンなどの会員ビジネスは、期待収益がグッと上昇しますが、その分だけ手間がかかると同時に、実現の難易度も高くなります。本書でも解説しましたが、いきなりサロンを開設できるというものではありません。ブロガーや本業などである程度の実績を上げた人が、その成果を背景に会員ビジネスを行うというケースがほとんどです。

そうなると、**オンラインサロンは、ブログなどに取り組んでいる人が、さらに収入を上げるためのツール**ということになりますから、最初に取り組むことは避けた方がよいでしょう。

サラリーマンにオススメする不労所得はコレだ!

これまで取り上げてきたビジネスは、どちらかというと実業に近いものですが、投資で収益を得られるようになれば、さらに不労所得に近づいてきます。

しかしながら、投資で収益を上げるためには、リスクというものを避けて通ることはできません。株式投資であれ不動産投資であれ、投資を行う以上はリスクを背負う必要があり、不労所得はリスクの結果として得られるものとなります。

投資のリスクをうまくコントロールする方法は2つあります。1つはできるだけ借り入れを行わないこと、もう1つは時間を味方につけることです。

銀行借り入れを使ったアパートの1棟買いなどがその典型ですが、自己資金以上の投資を行ってしまうと、自分でリスクをコントロールできなくなります。銀行の融資姿勢の変化は自分ではどうしようもありませんから、この部分については相手に依存することになります。

逆に借り入れを行わないと、動かせる資金の額が小さくなり、当然、期待収益も小さなものとなってしまいます。それでも過大なリスクを取って、結果として資産の大半を失うというのは絶対に避けるべきことですから、基本的に筆者は借り入れを使った大規模な不動産投資はお勧めしません。

サラリーマンが投資で不労所得を目指す場合には、やはり株式の長期投資に限定した方がよいでしょう。

長期で株式投資を行えば、複利のメリットを享受できるので、想像した以上の利益を得られる可能性が出てきます。

これまで日本の株式市場は、年平均で6％の上昇率を示してきました。これは高度経済成長期も、バブル期も、バブル崩壊後の下落も、すべて含んだ数字です。つまり長期で投資をすれば、どこのタイミングで投資を始めても、この程度のリターンは確保できると考えてよいわけです。長期投資の場合、増えた分を再投資するのが原則なので、時間が経過するほど資産拡大に弾みがつくという仕組みです。

たとえば年間25万円の投資（月あたり2万円ちょっと）を、30年間続けたと仮定します。銀行に預金をしただけでは利子はほぼゼロですから、30年間で750万円にしかなりません。

しかし、株式投資を行って、年6％の利回りが続いた場合（実際には株価は常に上下に振れますから、あくまで過去の平均値です）、最終的な資産額は2000万円を超えます。短期間の投資で資金を3倍にするのは容易なことではありませんが、時間を味方につければ、主要な銘柄に投資しているだけで大きな資産を作れる可能性が見えてくるのです。

もちろん、投資にはリスクがつきものですから、株価が大きく下落するリスクがあることは否定できません。

過去の経験値から、日本株にはプラスマイナス25％のリスクがあると言われていま す。これは1年間に株価が上下する幅が、プラスマイナス25％の範囲という意味です（厳密には統計学上の1σ＝約68％の確率で、株価が上下25％の範囲内で動くことを意味します）。

この数字をもとにランダム・アルゴリズムを使ったシミュレーションを行ってみると、元本である750万円を下回る確率は約30％となります。一方、2000万円を上回る人も30％ほど出てきます。つまり貯金と比較して7割の人が元本を上回り、3割が2000万円以上のお金を手にできる計算です。筆者にとっては悪い数字ではないと思えますし、そうであればこそ自身で積極的に投資を行い、相応の資産を作ってきました。

時間をかけて、月2万円程度の支出を続けることができれば、約70％の確率で儲かり、約30％の確率で大きな資産を手にすることができます。サラリーマンが目指すべき不労所得としては、これがベストだと筆者は考えています。

おわりに——人口減少・長寿化社会でも、豊かな人生を歩むために

日本は今、空前の人手不足となっています。

本来であれば、企業は人員の確保を最優先しますから、人手が足りなければ給料も上がっていくはずです。ところが、人手不足が深刻になっているにもかかわらず、私たちの給料は上がっていません。

給料が上がらない理由を探るためには、そもそも人手不足が何によって引き起こされているのか理解する必要があるでしょう。

一般的に人手不足は景気がよい時に発生します。

景気が過熱すると、企業には多くの注文が寄せられますから、同じ人数ではその注文をさばき切れなくなります。各企業は優秀な人材を確保しようと躍起になりますし、他社に社員を奪われないよう警戒しますから給料は上がっていきます。

しかし、今の日本で発生している人手不足は好景気ではなく、まったく別のメカニズムによってもたらされています。それは**若年層人口の減少と企業の過剰雇用**です。今後、日本では総人口の減少が本格化しますが、過去10年間の人口はほぼ横ばいに近い状況で推移してきました。しかし、総人口が変わらなくても高齢化は進んでいますから、若年層の人口は減る一方です。過去10年間で35歳以下の労働者の数は17%も減少しているのです。

企業の現場では若い労働力が必要ですが、若年層の人口が2割近く減ってしまったわけですから、企業が人の確保に苦労するのは当然の結果といってよいでしょう。しかし、社会全体で見ると、多くの日本企業はまだまだ過剰な人材を抱えています。

実は日本企業には、社内で仕事を見つけ出せない人が、数多く在籍していることが明らかとなっています。俗に言う「社内失業」や「働かないオジサン」です。日本企業は、基本的に年功序列の賃金体系なので、年齢が高いほど給料は高くなります。しかも、高い年齢に達した社員の場合、仕事が限られるため、簡単に配置転換することもできません。その結果、高い給与を払いつつも、現実にはほとんど仕事をしていない社員を多数抱えてしまっているのです。

リクルートワークス研究所の調査によると、日本全体で約400万人の社内失業者がいるとされており（2015年時点）、悲観的なシナリオの場合、2025年には500万人近くに達すると見込まれています。日本政府は人手不足を解消するため、外国人労働者を大量に受け入れることを決定しており、その是非をめぐって激論となっていますが、現時点で働いている外国人労働者は約140万人、今後、受け入れる人数は年間数万人でしかありません。

あくまで数字上の話ですが、社内失業者が全員労働市場に出てくれれば、日本の人手不足など一気に解決するレベルなのです。

企業はこれだけの余剰人員を抱えていますから、何もしないと企業の総人件費はどんどん膨れあがります。その結果、企業は総人件費を抑制するため、社員の昇給をできるだけ遅らせようとします。

これに追い打ちをかけるのが、年金財政の悪化です。

日本の年金は財政が悪化しており、将来的に、大幅な減額は避けられない状況です。

多くの人が年金だけでは生活できなくなるので、政府はこれに対応するために、事実上の生涯労働制にシフトする政策を進めています。

現在、企業は社員が希望すれば65歳まで雇う必要がありますが、政府はこれを70歳まで延長し、徐々に生涯雇用に移行させようとしています。そうなると企業の総人件費はさらに増大しますから、20代から40代までの給料を、今以上に抑制することになるでしょう。

日本の給与所得者の平均年収から擬似的に算出した生涯年収（22歳から60歳まで勤務と仮定）は、約1億8000万円です。これは男女合わせた数字で、男性に限ると約2億3000万円になります。

仮に従業員を70歳まで雇用する場合、企業は人件費総額の増大を強く警戒し、現役世代の給与を引き下げることになります。

最近はある年齢に達した段階で、上級管理職に就いていない社員を管理職から外すという、いわゆる役職定年の制度を導入する企業が増えています。役職定年になると年収が下がるケースがほとんどですから、今後はこの動きがさらに顕著となるでしょう。

仮に、55歳から役職定年がスタートし、60歳以降は、従来の現役世代の6割に年収が下がると仮定した場合でも、40歳以降は昇給しない給与体系にしないと企業は総人件費の増加を抑制できません。この数字はあくまで仮定であって、厳しめに見たものではありますが、簡単にいってしまうと、40歳以降は昇給が難しくなると思ってよいでしょう。

つまり、**今の経済状況が続く限り、給与所得だけでは、年々生活が苦しくなってしまう**わけです。

この話を聞くと非常に暗い気持ちになってしまいますが、物事は考えようです。企業が70歳までの雇用を保障してくれるのであれば、70歳まではサラリーマンをしているだけで、少なくなろうが一定の給料がもらえます。

3章で、見方によってはサラリーマンというのは究極の不労所得だと解説しましたが、事実上の生涯労働制への移行によって、その考え方にはますます説得力がともなってきます。

安定的な雇用を前提に、副業で収入をアップし、その副業を可能な限り、不労所得に近い形にアレンジできれば、生涯にわたってゆとりのある生活を送ることが可能となるでしょう。

政府が副業を推奨したこともあり、これから副業する人はさらに増えてくると考えられます。同じ副業をするなら、会社と同じような働き方をするのではなく、できるだけ不労所得に近いスタイルの方がよいに決まっています。

これからの時代は、副業でどれだけ不労所得に近い収入を得られるのかで、人生の豊かさが変わってきます。みなさんも、ぜひ不労所得の獲得を目指してください。

本書はイースト・プレスの木下衛さんの尽力で完成しました。この場を借りて感謝の意を表したいと思います。

加谷珪一

加谷珪一（かや・けいいち）

経済評論家。宮城県仙台市生まれ。

1993年東北大学工学部原子核工学科卒業後、日経BP社に記者として入社。野村證券グループの投資ファンド運用会社に転じ、企業評価や投資業務を担当。独立後は、中央省庁や政府系金融機関などに対するコンサルティング業務に従事。現在は、「現代ビジネス」や「ニューズウィーク」など数多くの媒体で連載を持つほか、テレビやラジオなどでコメンテーターを務める。億単位の資産を持つ個人投資家でもある。

お金持ちの実像を解き明かした著書『お金持ちの教科書』（CCCメディアハウス）はベストセラーとなり、「教科書」と名の付く書籍ブームの火付け役となったほか、法科大学院の入試問題に採用されるなど反響を呼んだ。

主な著書に『億万長者への道は経済学に書いてある』（クロスメディア・パブリッシング）、『感じる経済学』（SBクリエイティブ）、『ポスト新産業革命』（CCCメディアハウス）、『戦争と経済の本質』（総合法令出版）などがある。


加谷珪一オフィシャルサイト　http://k-kaya.com/

“投資《とうし》”に踏《ふ》み出《だ》せない人《ひと》のための
「不労所得《ふろうしょとく》」入門《にゅうもん》

2019年7月24日　初版第1刷発行

著　者　加谷珪一《かやけいいち》

装　丁　フロッグキングスタジオ
校　正　内田翔
本文DTP　松井和彌
編　集　木下衛
発行人　北畠夏影
発行所　株式会社イースト・プレス
〒101-0051
東京都千代田区神田神保町2-4-7久月神田ビル
TEL:03-5213-4700　FAX:03-5213-4701
http://www.eastpress.co.jp
印刷所　中央精版印刷株式会社

ISBN978-4-7816-1802-9

図 3　「アポロンとダフネ」ベルニーニ作
（ローマ、ボルゲーゼ美術館）

図1　「狩りをするディアーナ」オーギュスト・レヴェック作（パリ、リュクサンブール公園）

図2　「捨てられたアリアドネ」エメ・ミレー作（個人蔵）